Michel Sarrazin, 1659-1734.

Louis-Martin Tard

Né à Paris, Louis-Martin Tard vit au Québec depuis plus de quarante ans. Journaliste professionnel, son goût de la communication l'a amené à pratiquer plusieurs genres littéraires : le billet (*Le Devoir*), la chronique touristique (*L'Actualité*), le scénario, l'écriture radiophonique (*Chez Miville*), etc.

En 1989, Louis-Martin Tard quittait son poste de directeur de l'information à l'Université de Montréal pour se consacrer plus intensément à l'écrit littéraire. Après avoir publié *Il y aura toujours des printemps en Amérique* (Libre Expression, 1987) et *Le Bon Dieu s'appelle Henri* (Libre Expression, 1993), il s'est véritablement pris de passion pour l'écriture romanesque.

Louis-Martin Tard est le directeur de la collection « LES GRANDES FIGURES ».

La collection
LES GRANDES FIGURES
est dirigée par
Louis-Martin Tard

Le comité éditorial est composé de
Jacques Allard
Jean Provencher
André Vanasse

Dans la même collection

Michel Sarrazin

La publication de ce livre a été rendue possible
grâce à l'aide financière du Conseil des Arts du Canada,
du ministère des Communications du Canada,
de la direction des études canadiennes
et des projets spéciaux, Patrimoine canadien,
et du ministère de la Culture
et des Communications du Québec.

©
XYZ éditeur
1781, rue Saint-Hubert
Montréal (Québec)
H2L 3Z1
Téléphone : 514.525.21.70
Télécopieur : 514.525.75.37

et

Louis-Martin Tard

Dépôt légal : 2ᵉ trimestre 1996
Bibliothèque nationale du Canada
Bibliothèque nationale du Québec
ISBN 2-89261-164-4

Distribution en librairie :
Dimédia inc.
539, boulevard Lebeau
Ville Saint-Laurent (Québec)
H4N 1S2
Téléphone : 514.336.39.41
Télécopieur : 514.331.39.16

Conception typographique et montage : Édiscript enr.
Maquette de la couverture : Zirval Design
Illustration de la couverture : Francine Auger
Recherche iconographique : Michèle Vanasse

Michel SARRAZIN

LE PREMIER SCIENTIFIQUE DU CANADA

XYZ
éditeur

Du même auteur

Chez Miville comme si vous y étiez, Montréal, Éditions du Jour, 1962 (en collaboration).

Canada, Bruxelles, Éditions du Lombard, 1965.

Montréal-Guide, Montréal, Éditions du Jour, 1967 (en collaboration avec Éloi de Grandmont).

Si vous saisissez l'astuce, Montréal, Éditions du Jour, 1970.

Vingt ans de théâtre au Nouveau Monde, Montréal, Éditions du Jour, 1971.

Au Québec, Guide Bleu (puis Guide Visa), Paris, 1re éd., 1976.

Il y aura toujours des printemps en Amérique, roman, Montréal, Libre Expression, 1987, et Montréal, Éditions du Club France Loisirs, 1988.

Guide de promenades à pied dans le vieux Québec, Montréal, Guérin littérature, 1989.

Le Bon Dieu s'appelle Henri, roman, Montréal, Libre Expression, 1993.

Vexin Normand, capitale Gisors, guide historico-touristique, Saint-Ouen-l'Aumône (France), Éditions du Valhermeil, 1994.

Chomedey de Maisonneuve. Le pionnier de Montréal, roman historique, Montréal, XYZ éditeur, 1994.

Pierre Le Moyne d'Iberville. Le conquérant des mers, roman historique, Montréal, XYZ éditeur, 1995.

En préparation

Marc L'Escarbot. Le chantre de l'Acadie.

L'auteur remercie pour ses précieux avis et conseils le professeur Gérard G. Aymonin, botaniste et historien des sciences. Son laboratoire de phanérogamie, un des centres de recherche du Muséum national d'histoire naturelle, est situé au cœur du Jardin des Plantes de Paris, là où Michel Sarrazin a étudié la science des végétaux et la médecine.

Et aussi, pour son accueil et les renseignements qu'il m'a fournis, le Dr Louis Dionne, attaché à l'Hôtel-Dieu de Québec et directeur de la Maison Michel Sarrazin*, qu'il a contribué à fonder.

---

* La Maison Michel Sarrazin a obtenu une dérogation du Conseil de la langue française pour l'omission du trait d'union.

Photo: Louis-Martin Tard.

Michel Sarrazin fut baptisé à l'église de Gilly-lès-Cîteaux, son village natal.

1

Printemps 1685:
Une arrivée inoubliable

L e voilier s'appelait *La Diligente*. En dépit de son
nom, il voguait sans hâte sur l'Atlantique. Michel
Sarrazin, le chirurgien du bord ne s'en plaignait pas.
Sous un ciel doux, sur une mer clémente, les heures
passaient, agréables, et il prenait plaisir à bavarder avec
une jeune personne. Elle était timide. Son visage tavelé
de taches de rousseur ajoutait aux prestiges de son
charme adolescent. Elle écoutait plus qu'elle ne parlait.

Prénommée Bénigne, elle voyageait avec sa
famille et pas n'importe laquelle. Son père, Jacques-
René de Brisay, marquis de Denonville, ex-colonel

des dragons de la reine, récemment nommé gouverneur général de la Nouvelle-France, venait prendre son poste à Québec.

« Dans un mois, disait le chirurgien, après la relâche à notre port d'arrivée, je retournerai en France et vous, mademoiselle, vous vivrez dans notre colonie où l'on dit que les automnes sont somptueux mais les hivers terribles. Je penserai souvent à vous.

— Ne reviendrez-vous jamais en Canada ?

— Peut-être, si le service du roi m'y rappelle.

— À présent, il faut que je vous quitte. Ma mère s'inquiète toujours de ne point me voir près d'elle.

— Restez encore un peu, Bénigne. »

M. de Denonville était à la fois militaire et pieux personnage. Il marchait à pas lents sur la dunette, son livre de prières à la main, et s'entretenait avec un autre passager de marque, le nouveau grand vicaire de Québec, Sa Grandeur Jean-Baptiste de La Croix de Chevrières de Saint-Vallier, homme encore jeune, connu pour ses mœurs austères, son obstination et ses mouvements coléreux. Imbu de sa haute naissance, fort attaché aux usages, il se fâchait rouge si l'on ne déclinait pas en entier ses titre, prénom et nom de famille. Lui aussi faisait son premier voyage en terre canadienne. Il venait y succéder à Mgr de Laval, créateur de l'Église canadienne, soucieux de transmettre son diocèse à un évêque plus jeune et d'accéder au repos.

Le chirurgien n'avait aucun titre de noblesse. Regardez son corps trapu vêtu d'un simple habit de gros drap noir, ne portant pas de perruque, plutôt une tignasse toujours ébouriffée au-dessus d'un visage rude mais éclairé par des yeux vifs. Dès qu'il parle, on devine qu'il vient de Bourgogne tant il roule les *r* et lance ses phrases avec un accent aussi croustillant qu'un pain de campagne.

Michel Sarrazin s'honorait du titre de chirurgien. Cela ne signifiait pas qu'il était docteur en médecine. En ce temps-là, un chirurgien n'était qu'un subalterne de la santé, détenteur d'un diplôme. Il n'avait pas le droit de faire des diagnostics, encore moins celui de prescrire des médicaments. Il n'était chargé que de panser les plaies, d'ouvrir les abcès, de pratiquer des saignées, de poser des ventouses, de réduire les fractures et les luxations. Les chirurgiens non diplômés, seulement certifiés, appelés «chirurgiens de robe courte», étaient des barbiers. En plus de tailler les cheveux et les barbes, ils donnaient divers soins, y compris la saignée. Même les titulaires d'une maîtrise de barbier-chirurgien n'étaient pas obligés de prouver qu'ils savaient lire et écrire, car leur spécialité faisait d'eux des travailleurs manuels. Issus des facultés, les docteurs en médecine méprisaient tant les chirurgiens diplômés que les barbiers-chirurgiens.

Pour obtenir son diplôme, Michel Sarrazin avait étudié les fonctions et les propriétés de l'organisme humain et fait deux stages obligatoires, l'un chez un chirurgien de Dijon, l'autre dans un hôpital, le merveilleux Hôtel-Dieu de Beaune. Grâce à quoi, passé de simple frater à maître, il avait postulé et obtenu un poste dans la marine du roi, où le règlement voulait que tout navire voguant en haute mer eût à son bord un chirurgien compétent.

Ainsi, l'ardent Michel, désireux de voir le vaste monde sans bourse délier, avait trouvé un excellent moyen de réaliser un rêve : il soignait les bobos d'un équipage. La belle vie, puisque les océans, hormis les tempêtes, présentaient peu de dangers. Depuis sept ans, la guerre de Hollande avait pris fin. Les voiliers de haut bord de la marine royale ne craignaient plus ni le Batave, ni l'Anglais, ni l'Espagnol.

Bénigne, au moment où elle prenait un plaisir grandissant à écouter « Monsieur Michel », comme on l'appelait à bord, dut le quitter pour aller rejoindre sa mère. Mme la marquise de Denonville commençait à trouver fort déplacés les apartés de Bénigne et du jeune chirurgien, aimable sans doute, mais roturier.

La nuit, avant de s'endormir, Michel Sarrazin ne pouvait s'empêcher de penser à la demoiselle aux taches de rousseur et au doux sourire. Il imaginait une histoire merveilleuse. Bénigne de Brisay de Denonville s'éprenait de lui tout comme il était attiré par elle. Ils s'avouaient leurs sentiments et le marquis, touché par leurs attendrissantes amours, l'acceptait pour gendre.

«Quelle folie sentimentale ai-je encore inventée! s'avouait-il au réveil. Un gouverneur général de colonie, autrement dit un vice-roi, donnerait-il sa fille à un pauvre petit chirurgien bourguignon?»

Afin d'exorciser sa trop fertile imagination, il évoquait ce pays du Canada où il allait aborder, vivre quelques jours et y assouvir une passion secrète, l'amour des végétaux. Oui, Michel Sarrazin n'aimait rien tant que la botanique. Cela remontait à sa prime jeunesse.

Il avait dans sa malle, serré près d'un petit coffre de sapin vernissé, un livre intitulé *Canadensium plantarum, aliarumque nondum editarum historia* et orné de belles gravures représentant des plantes. Il avait été écrit un demi-siècle plus tôt par un savant de Paris, Jacques-Philippe Cornut, dit Cornutus, le premier à avoir décrit les étonnantes particularités de la flore canadienne. Ainsi Michel Sarrazin allait-il peut-être, pour le temps très court de l'escale de Québec, avoir la joie de côtoyer *Actea alba, Asarum, Adiantum* ou le dangereux *Rhus radicans* [1].

C'étaient les noms latins de plantes canadiennes. La tradition botanique exigeait qu'on les

1. L'herbe à la puce.

nommât sans employer l'article, preuve d'une aimable familiarité avec la Nature.

On vivait en temps de paix mais, pourtant, *La Diligente* était suivie par deux navires de la marine de guerre, *Le Mulet* et *Le Fourgon*. C'étaient des flûtes[1] chargées de quelque trois cents militaires et de leur fourniment, plus une centaine d'engagés. Selon les clauses de leur contrat, ces derniers venaient travailler trente-six mois dans la colonie. Certains sans doute s'y établiraient.

Michel Sarrazin pensait à tous ces garçons entassés sur des vaisseaux inconfortables alors que lui, hôte d'un bon navire marchand, mangeait à la table du capitaine avec les autres passagers et avait droit à une chambre, certes modeste mais où il était seul.

Un vent tiède faisait osciller avec grâce *La Diligente* à présent engagée dans l'estuaire du Saint-Laurent. On apercevait les côtes de l'île d'Anticosti. Quelques pimpants nuages décoraient l'azur.

Afin de déjouer les regards incessants de Mme de Denonville, Michel Sarrazin ne pouvait songer à inviter Bénigne dans sa chambrette. Il l'avait convaincue de l'accompagner tout à l'avant du voilier. Un écoutillon ouvrait sur un mince espace triangulaire doté d'un sabord. De là, on pouvait contem-

1. Une flûte était un bâtiment de guerre destiné au transport, à équipage réduit, dont on avait retiré une partie des canons afin de gagner de la place.

pler, par-dessus l'épaule peinte en rose de la figure de proue, le paysage marin.

Sur le bleu de l'eau, entre les plaques d'écume, Bénigne voyait onduler des formes brunes.

« Des poissons ? demanda-t-elle.

— Non, mademoiselle, plutôt des algues. En fait, ce sont des plantes.

— Des plantes ? Portent-elles des fleurs ?

— Non.

— Quel dommage ! J'aime tant les fleurs.

— Sûrement autant que moi. Cette inclination date de loin. Un vrai roman.

— Racontez, monsieur Michel. »

Elle s'approcha de lui pour mieux écouter.

« Je suis né, commença-t-il, dans un village tout près de la petite ville appelée Nuits, dans la province de Bourgogne. Mon père était au service des moines de Cîteaux. Il gérait les biens temporels d'une grande abbaye bénédictine fondée jadis dans une vallée peuplée de roseaux. Au cours des âges, les bénédictins ont agrandi le vignoble, connu sous le nom célèbre de Clos de Vougeot. Ils ont construit en son mitan un immense manoir. Les grands vins de ce cru n'y sont pas conservés. On les garde à Gilly dans un édifice appelé le "Prieuré". C'est la résidence d'été du père abbé. Souvent mon père m'y amenait. Tandis qu'il réglait ses affaires, j'allais au cellier voir le père Félix. Quel homme! Et quel endroit! Imaginez, Bénigne, une grandiose et sonore salle souterraine de calcaire, toute voûtée et remplie de la riche odeur des futailles alignées. La récolte entière du Clos de Vougeot est entreposée en ce lieu fortifié où le vin ensuite vieillit, se bonifie à l'abri des convoitises. C'est l'immense richesse liquide des cisterciens.»

Bénigne, les yeux clos, imaginait le fabuleux caveau. Michel poursuivit son récit.

«Une porte secrète donnait sur une cave plus profonde où, dans l'ombre, brillait le cuivre rouge d'un énorme alambic entouré d'une grande quantité de cornues, de creusets, de coupelles, de vaisseaux de cristal aux formes bizarres, de bouteilles de verre pansues.

«Certains moines affirmaient que, avec tout cet attirail, le frère Félix, initié à l'alchimie, fabriquait de l'or. En fait, ce qu'il tirait de son alambic se vendait cher. Il me montrait des flacons remplis d'une liqueur dorée produite par la distillation de plantes odorantes. Il m'apprenait à reconnaître le fenouil, la menthe, l'aromatique angélique, la lavande, les baies noires du genièvre, l'absinthe à la senteur si puissante, le thym, la camomille, l'amande douce, le clou de girofle, le gingembre, la réglisse, l'hysope, l'anis encore appelé "badiane" et dont le fruit composé forme une petite étoile, le cassis, les écorces d'orange amère et de citron vert, et bien d'autres végétaux étranges.

«Le tout raffiné, puis macéré, bien mélangé, dosé avec exactitude par le frère Félix, était vendu à bon prix au bénéfice du couvent. Cette liqueur avait la réputation de guérir bien des maux et surtout de rendre joyeux ceux qui la buvaient. Le cellérier entretenait un jardin de simples.

— Un jardin de simples?

— On appelle ainsi les plantes dotées de vertus médicinales.

«Le père Félix, poursuivait Michel, menait le gamin que j'étais au potager, dans les jardins, dans les prés. Il ramassait des végétaux qu'il glissait dans sa manche, puis les étalait sur une pierre plate.

«"Reconnais-tu, me demandait-il, la fleur du chou? Ici, celle de la sanve dont l'autre nom est 'moutarde', celle du cresson sauvage, celle du radis? Celle du pastel que voici? De ses feuilles et de sa tige on tire une belle couleur bleue. Cette petite fleur des prés teintée de mauve est une cardamine, celle-là est une giroflée. Et maintenant, Michel, peux-tu me dire ce que ces sept plantes et moi-même avons en commun?"»

Bénigne était interloquée.

«Et vous aussi, mademoiselle, essayez de deviner.»

Elle ne savait répondre. Michel poursuivit : « Le père Félix me montra alors au cœur de chacune des fleurs quatre petites feuilles en forme de croix. Il ajouta, me montrant sur sa poitrine sa croix de buis pendant à une cordelière : "Tu vois, moi aussi j'en porte une. " »

∞

Bénigne, ses grands cils relevés, écoutait, ravie. M. Michel était parfaitement heureux. Il tenait les poignets de la jeune fille et allait se pencher pour baiser le bout de ses doigts lorsque de violents coups de sifflet retentirent sur le pont.

« Ce signal est pour moi. On me demande d'urgence », dit le chirurgien en quittant à la hâte la chambre de proue.

Le commandant de *La Diligente* observait à l'aide de sa longue-vue les deux voiliers du roi voguant à quelques encablures. Des pavillons de signalisation montaient et descendaient dans leur gréement.

« Monsieur Michel, vous voici enfin ! Nous recevons les nouvelles les plus fâcheuses du *Mulet* et du *Fourgon*. De graves maladies se sont déclarées à leur bord. Vos confrères parlent de fièvres et de pustules. Qu'en pensez-vous ?

— S'il s'agit de simples éruptions de boutons semblables à celles que provoquent les piqûres d'ortie, même accompagnées de frissons, cela n'est pas trop grave et ne dure guère.

— Sinon?

— Si les malades deviennent très fiévreux et qu'apparaissent des vésicules rougeâtres, d'abord sur le visage, puis sur le corps, si ces boutons suppurent, deviennent bientôt durs comme des petits grains de verre, alors c'est la petite vérole encore appelée "picote". Elle se propage très vite, vous le savez.

— Que peuvent faire les chirurgiens du *Mulet* et du *Fourgon*? demanda le gouverneur de Denonville.

— Pour arrêter l'épidémie, disent nos traités de chirurgie, il faut ouvrir des tonneaux de vinaigre, les placer dans les entreponts où sont les malades, y plonger des boulets rougis au feu afin que les vapeurs se répandent et chassent les miasmes mortels. On peut aussi brûler du goudron. Mais déjà il est trop tard. Puis-je vous suggérer, monsieur le commandant, d'ordonner aux deux navires de faire force de voiles pour arriver au plus vite à Québec. Nous les précéderons afin d'organiser les secours.

— Et moi, je vous requiers, dès que vous serez à terre, de prendre la responsabilité de cette action», commanda M. de Denonville au chirurgien.

Vrillant l'air, de nouveaux coups de sifflet du maître de manœuvre enjoignaient les gabiers à grimper dans les enfléchures pour aller sur les vergues déployer toute la voilure possible. Mgr de Saint-Vallier et d'autres noms avaient gagné leur chambre afin de prier pour le salut des picotés.

Quelques jours plus tard, *La Diligente* entrait dans le port de Québec.

Michel Sarrazin fit immédiatement prévenir l'hôpital et préparer l'accueil des survivants. Des deux flûtes, on en débarqua près de trois cents, tous très mal en point. On eut une bonne pensée pour tous les morts jetés par-dessus bord, parmi lesquels les chirurgiens des deux navires infectés.

C'était bien la variole. De plus, on relevait des signes de scorbut parmi les grabataires. L'hôpital de Québec n'arrivant pas à tous les loger, on en installa un peu partout, dans le grenier, dans les hangars, sous des tentes montées dans les cours et les jardins. On avait demandé l'aide des gens de Québec. Ils apportèrent en grand nombre des matelas, des draps, des chemises, des provisions.

Le jeune chirurgien loua chez un mercier de la rue du Sault-au-Matelot une chambre où il ne se tenait guère, car il passait des jours et des nuits à l'hôpital. Dans la ville, où il n'y avait aucun vrai médecin, on trouvait quelques barbiers-chirurgiens, beaucoup plus barbiers que chirurgiens. Les religieuses se dévouaient sans compter. Michel Sarrazin faisait de son mieux. Chaque soir, il notait sur un cahier les progrès de l'épidémie. Il remarquait qu'un grand nombre de malades, après une période de forte fièvre et l'apparition des boutons, mouraient à coup sûr, mais que, chez certains, l'état fébrile s'atténuait. Après une douzaine de jours, leurs pustules commençaient à se dessécher, formant quantité de croûtes infimes. Elles tombaient en laissant sur les visages autant de petites crevasses, marque indélébile des survivants de la variole.

Les ouvrages de médecine ne proposaient aucun remède, sinon l'isolement des malades, l'administration de bains froids pour combattre la fièvre et de poudre de talc pour calmer les démangeaisons. Cela ne guérissait personne, mais aidait les malheureux à moins souffrir.

Il fallait surtout, pour éviter la propagation de la maladie, interdire les contacts entre bien portants et varioleux. Des religieuses de l'hôpital, plus préoccupées des soins à donner que de leur propre santé, avaient contracté la maladie. Plusieurs en étaient mortes.

Mme de Denonville, parmi d'autres personnes, se dévouait aux cuisines de l'hôpital. Parfois, la marquise était accompagnée de Bénigne. Avec la plus grande discrétion, celle-ci adressait un timide sourire à l'intention du jeune chirurgien. Il s'arrangea pour se trouver près d'elle alors que, seule dans la dépense, elle écossait des pois.

« Ne m'adressez pas la parole, supplia-t-elle, mes parents m'ont interdit de vous parler. Ils seraient très fâchés si vous l'osiez.

— Et vous, mademoiselle ? »

Elle baissa la tête, essuya une petite larme.

⌒

Le marquis de Denonville fit mander en son logis du château Saint-Louis, résidence des gouverneurs, le sieur Michel Sarrazin guère rassuré par une telle convocation. Il s'attendait au blâme sévère d'un père outragé. Il trouva le chef suprême de la colonie dans la meilleure humeur du monde.

« Monsieur, dit le gouverneur, j'ai aimé votre détermination et la parfaite façon dont vous vous êtes acquitté des tâches que je vous ai commandées. Encore quelques jours et mes soldats seront sinon guéris, du moins remis sur pied. Vous savez que je prépare pour le printemps prochain une expédition militaire. Voyez plutôt. »

Le marquis s'approcha d'une carte de la vallée du Saint-Laurent fixée au mur. Michel Sarrazin n'ignorait pas que le nouveau gouverneur général venait remplacer M. de La Barre qui, deux ans plus tôt, avait échoué dans sa tentative de mettre à la raison la tribu indienne des Tsonnontouans.

« J'ai besoin d'un chirurgien-chef. Accepteriez-vous de demeurer un temps en Nouvelle-France, de passer de la marine à l'armée de terre et de faire partie de cette opération ? Vous auriez là d'autres occasions de vous distinguer. »

S'il y avait eu un témoin à ce dialogue, il n'eût pas manqué de remarquer la rougeur soudaine du visage de «Monsieur Michel». Tandis que le gouverneur expliquait son plan de bataille, il se disait, avec candeur: «Sans aucun doute, M. de Denonville ne semble pas s'offusquer de ce que je fasse les yeux doux à sa fille. Devrais-je même croire qu'il m'encourage à persister? Il veut donc que je reste en Canada. Bravo! Ainsi pourrai-je voir souvent Bénigne. Et puissent les miracles de l'amour faire se lever toutes les barrières de rang et de fortune, affreux obstacles dressés entre cette douce demoiselle et moi.»

Michel Sarrazin déclara sur-le-champ accepter une si flatteuse proposition. Le lendemain, il remettait un billet à Bénigne: «Mademoiselle, avait-il écrit, occupés que nous étions par les soins à donner aux malades, nous n'avons eu guère le loisir de poursuivre les aimables conversations commencées à bord de *La Diligente*. À présent que nous connaissons un peu de répit, je souhaite vous rencontrer plus longuement. Votre respectueux Michel Sarrazin.»

Dans la cour de l'hôpital où il la rencontra de façon furtive, elle lui souffla ces mots: «Je n'ai le droit ni de vous parler ni de vous écrire ou de recevoir des lettres de vous.» Il voulait insister. Elle posa un index sur ses lèvres.

«Puis-je au moins vous envoyer des dessins? De jolis dessins représentant des fleurs? Vous les aimez. Vous devez savoir aussi comment elles parlent.»

∞

Elle partit en courant.

Rentré chez lui, sur une belle feuille de vélin, le jeune homme traça pour elle, relevée de couleurs, une rose très pâle. Il reçut bientôt en guise de réponse un dessin représentant un bleuet et une branche d'aubépine blanche. Il comprenait que la timide Bénigne n'ignorait rien des significations poétiques de toutes les fleurs. Ce langage était un secret toujours transmis entre adolescents. Pour les initiés, le bleuet voulait dire : « Je n'ose avouer mon amour », et l'aubépine : « Soyez discret. » Le soir même, il répondit par le dessin d'un bouquet de lavande portant cet aveu : « Je vous aime respectueusement. »

Jour après jour, des images s'échangèrent sans que le moindre mot fut écrit. Le réséda, symbole de tendresse, clamait : « J'aime et j'espère », et la prudente violette répliquait : « Qu'on ignore notre amour. » Assemblés, l'obier, signe de fierté, l'anémone rouge, signe de persévérance, et l'aristoloche pourpre, signe d'ambition, formaient cette phrase : « Je suis fier de vous aimer... J'ai foi en notre amour... Je m'élèverai jusqu'à vous. » La giroflée, symbole de constance, confessait : « Je vous aime de plus en plus», et l'iris jaune, attribut de la sécurité, murmurait: «Je crains qu'on sache que je vous aime.»

Puis Bénigne envoya des guirlandes de saint-joseph et des tresses de verts feuillages de myrte: «Des obstacles nombreux s'élèvent entre vous et moi... je suis fort éprouvée.» Il répondit par des couronnes de crocus et de mauves exprimant l'inquiétude et la peine. Elles disaient: «Rassurez-moi... Si vous saviez comme je souffre». La réplique vint, une simple branche de pêcher blanc. Elle se lisait ainsi: «Tout bonheur nous est défendu.»

Après, plus rien. Michel osa expédier une composition florale dont le bouquet central de verveine signifiait: «Je voudrais vous parler en secret», entouré de dix glaïeuls. Selon le code floral, c'était un rendez-vous précis: «Je vous attends demain à dix heures.» Un pavot blanc précisait que la rencontre aurait lieu le matin (un pavot de couleur eût indiqué qu'il s'agissait de dix heures du soir).

Elle ne vint pas. Il eut beau ensuite tracer pour elle des scabieuses affirmant que son âme était en deuil, des absinthes, symbole d'amertume, accompagnées de feuilles de menthe voulant dire que, quoi qu'il arrivât, il gardait l'espoir, rien ne vint en écho. Il composa pour elle des bottes de thym, de myosotis et de cinéraires bleues proclamant: «Mon amour sera durable... Ne m'oubliez pas... Malgré ma douleur, je reste attaché à vous», il ne reçut plus aucun dessin. C'était la fin mélancolique de tant de bouquets silencieux, riches de déclarations non écrites.

Un matin, Michel Sarrazin trouva sur son chemin Catherine de Denonville, la cadette de Bénigne, chargée par elle d'un message oral.

«Ma sœur veut que vous sachiez qu'elle a bien de la peine. C'est à cause de maman qu'elle ne vous envoie plus de dessins de fleurs.

— Mais il n'y avait pas de mal à ça.»

La jeune demoiselle expliqua que Bénigne avait subi les violents reproches de Mme de Denonville qui était très offensée. Cette dernière avait rappelé qu'elle aussi, à l'âge de quinze ans, avait été courtisée et qu'elle n'avait pas oublié la gracieuse façon de communiquer en cachette des sentiments. Il y avait eu chez les Denonville des gémissements, des menaces, des pleurs.

«Maman, poursuivit la jeune personne, a ordonné à Bénigne de cesser toute relation avec vous, et ma sœur a juré que, puisqu'on l'empêchait de vous revoir, elle allait se faire religieuse. Et croyez-moi, elle va le faire pour vrai.

— Va-t-elle entrer dans un couvent de Québec?

— Non, en France, dans une maison pour demoiselles nobles. Notre mère a dit qu'elle ne voulait pas qu'une Denonville soit mêlée à des filles de marchands.

— Encore un mot, Catherine! Monsieur votre père sait-il quelque chose de tout cela?

— Lui? Il ne s'intéresse pas à ce genre de choses. Et en ce moment, d'ailleurs, il est trop occupé par ses affaires militaires. C'est à peine si nous le voyons dans nos appartements du château Saint-Louis.»

En un lugubre soir d'automne, Michel mit alors tout son cœur dolent à composer un faisceau de branches d'arbousier. Cela voulait dire: «Nos amours sont mortes.» Mais il n'osa pas l'envoyer à Bénigne. Elle embarquait le lendemain pour la France.

Sur le voilier *La Diligente*.

Les chutes Niagara d'après un dessin de Louis Hennepin
paru dans *New Discovery* en 1699.

2

Printemps 1687 :
Haro sur les Tsonnontouans

C e n'est pas en juin 1686 mais un an plus tard que les régiments du marquis de Denonville quittèrent Québec pour aller, en leurs cantons du lac Ontario, faire la guerre aux terribles Tsonnontouans, alliés des Iroquois.

À la veille du départ, pour un au revoir à la ville, Michel Sarrazin décida de monter vers le Cap-aux-Diamants. Déjà, il s'était promené sur les hauts de la ville pour y cueillir des plantes et ramasser des cailloux. Tout comme Champlain qui avait cru faire fortune au même endroit, il avait trouvé, en guise de pierres précieuses, quelques morceaux de pyrite et de jolis et étincelants fragments de quartz.

Tout en gravissant les sentiers, le jeune homme se remémorait les vingt-deux mois passés depuis son inoubliable arrivée en Nouvelle-France. Entouré de ses subalternes militaires, sans relâche, le gouverneur général avait préparé avec méthode sa guerre contre les Tsonnontouans. Depuis des années, cette belliqueuse peuplade s'acharnait contre les établissements français installés entre Montréal et les Grands Lacs. Chaque mois étaient rapportés des attaques de fortins, des massacres de colons, des embuscades contre les coureurs des bois. Il était évident que les marchands de fourrures hollandais ou anglo-saxons établis dans les colonies anglaises, au sud de la Nouvelle-France, fournissaient des armes à ces Indiens et les dressaient contre les Français.

Le marquis de Denonville avait obtenu du roi de France l'envoi de renforts supplémentaires. Il s'était approvisionné en fusils, en poudre et en munitions, et avait fait construire quantité d'embarcations, recruté des canotiers et donné l'ordre de rassembler tous les vivres nécessaires à une campagne, poches de farine, de biscuits, de pois secs, de blé d'Inde.

Le gouverneur ne voulait pas renouveler l'erreur tragique de son prédécesseur, le sieur Joseph-Antoine Le Febvre de La Barre. Trois ans plus tôt, ayant déclaré la guerre aux Tsonnontouans, ce dernier avait conduit au désastre son armée composée d'hommes mal entraînés, armés à la hâte, mal nourris, mal soignés.

Michel Sarrazin, dès sa nomination de chirurgien-major des troupes de terre, avait réuni tout l'équipement utile au traitement des militaires blessés et malades. Il avait emmagasiné des bistouris, des lancettes pour les saignées, des seringues, des cautères, des bandages, des sacs de charpie, ces masses de fils tirés de vieilles toiles déchirées, servant, à défaut d'ouate, à faire des pansements. En guise de médicaments, il avait fait provision d'huiles essentielles de laurier, de rose, de lis et d'absinthe, de sirops expectorants et adoucissants, de poudres de rhubarbe, de séné et de casse pour les purgations, de teintures d'opium pour calmer les fortes douleurs, de fleur de soufre contre les maladies de peau, d'onguent napolitain à base de mercure contre les maladies vénériennes. Tout cela était rangé dans des coffres de bois spécialement confectionnés à cette fin et remis aux chirurgiens de chaque bataillon.

L'argent liquide manquait pour payer tous ces approvisionnements. Les écus promis par le roi arrivaient en quantité insuffisante et de façon irrégulière. Mais, par bonheur, l'intendant Demeulle avait inventé la monnaie de carte. Ce rusé fonctionnaire avait eu l'idée d'utiliser des jeux de cartes neufs, d'inscrire sur chacun un certain montant, de les signer, d'y apposer son cachet, puis de les mettre en circulation. Lorsque l'argent sonnant arrivait enfin de France, Demeulle rachetait ses cartes, les payant en louis d'or, écus d'argent, sols et deniers de cuivre.

∽

Donc, ce matin-là, Michel Sarrazin montait vers le Cap-aux-Diamants. Se retournant, il jeta un regard sur la ville. Au ras du fleuve, il distinguait, construites après le terrible incendie qui, cinq ans plus tôt, avait dévasté le vieux Québec, bien alignées au long de voies élargies, des maisons toutes neuves, coiffées de modernes toits à la Mansard et pourvues de hautes fenêtres à battants munies de nombreux carreaux. Tout près, de chaque côté des rues Saint-Pierre et Notre-Dame, les demeures et les entrepôts des commerçants prospères et, à deux pas, les quais où étaient amarrées les embarcations. Il devinait la place Royale. Depuis peu, elle était ornée d'un buste du roi Louis XIV. L'œuvre d'art était signée Le Bernin, le plus célèbre architecte et sculpteur italien, et venait d'être apportée par le nouvel intendant Jean Bochart-Champigny.

Au pied de la falaise couraient les rues du Petit-Champlain et du Sault-au-Matelot. Ici, dans les maisons de bois serrées les unes contre les autres, vivait et travaillait tout un peuple d'artisans, de petits commerçants et de tâcherons attachés aux besoins de la navigation. Sarrazin détaillait aussi la haute ville étalée au sommet des côtes de la Montagne, de la Fabrique et du Palais. Cette dernière côte tirait son nom de la riche résidence de l'intendant. Le gouverneur avait son château sur une terrasse rocheuse [1], en fait une grosse maison inconfortable peu digne de loger un vice-roi. L'évêque, à l'époque, logeait de façon plutôt modeste, mais Mgr de Saint-Vallier, depuis son arrivée, souhaitait agrandir la demeure épiscopale, en faire la plus prestigieuse construction de la ville, signe de l'autorité du haut clergé sur la cité et sur le pays.

À l'arrière du château du gouverneur protégé par de fortes murailles, passé le triangle pentu formé par la place d'Armes, commençaient en des tracés sinueux les chemins Saint-Louis, Buade et Sainte-Anne et des sentiers, tous bordés de calmes jardins et de vergers plantés autour de quelques grands couvents ou de demeures particulières.

Sur l'autre versant du Cap-aux-Diamants, Sarrazin pouvait contempler ces vallons boisés, curieusement appelés «plaines d'Abraham». Il se souvint qu'Abraham Martin avait été l'un des premiers fermiers de la haute partie de Québec et aussi que le mot «plaine» désignait une sorte d'érable

1. Le château des gouverneurs se trouvait à l'emplacement de l'actuel hôtel Château-Champlain.

semblable au platane. Les plaines d'Abraham n'étaient-elles point, au début de la colonie, la forêt de platanes du sieur Martin?

Sarrazin nota cette observation dans son carnet relié de basane vert pâle, au milieu de croquis de fleurs. Il se disait que, depuis son arrivée à Québec, il n'avait guère eu le loisir de consulter l'ouvrage de Jacques-Philippe Cornut, alias Cornutus, et encore moins d'utiliser le microscope également offert par le vieux père Félix.

«Aurai-je le loisir quand nous irons en Iroquoisie combattre les Tsonnontouans d'herboriser comme j'en ai l'envie?» se demanda Michel Sarrazin. Il se penchait alors sur les bourgeons d'un églantier, et sa pensée très vite alla vers la rose dessinée naguère pour Bénigne.

Il avait su que la jeune Denonville était à présent recluse dans un monastère parisien. Elle consacrait les jours de sa vie à la prière et à la méditation. Garnissait-elle les autels de fleurs choisies par elle pour chanter de leur voix muette les louanges du Seigneur? «Peut-être, se dit-il, que la vie religieuse ne lui conviendra pas et puisqu'elle n'a pas encore prononcé de vœux, se peut-il qu'elle revienne à Québec?» Il réfléchit un peu. «Et puis, ai-je tellement besoin d'elle?»

Michel Sarrazin lorsqu'il avait besoin d'oublier ses amours perdues utilisait sa prodigieuse capacité de songerie sans cesse alimentée par une riche imagination. Il pouvait ainsi se créer un somptueux destin propre à le consoler des arias de la réalité.

C'est ainsi que, renfrogné un court instant, il redescend à présent d'un pas allègre vers la ville. Il aperçoit sur le Saint-Laurent six gros vaisseaux aux voiles gonflées en route vers le port. Ils amènent les huit cents fantassins de marine réclamés par le gouverneur. Le marquis de Denonville peut désormais mettre les soldats du roi en marche et convoquer les miliciens du pays puisque le temps des semences est passé.

Dans les rues de Québec, des avis fraîchement placardés annoncent que toutes les maisons de prostitution doivent clore à jamais leurs portes, une mesure de santé publique que le gouverneur, ennemi farouche du péché, s'est empressé de décréter, avec la bénédiction bien sûr de l'évêché.

La guerre peut commencer.

Elle débuta par un mémorable festin.

Le chirurgien-major avait quitté Québec, remonté le fleuve jusqu'à Montréal, puis, à cause des rapides, s'était rendu par la route jusqu'au petit port de La Chine [1] où il avait trouvé l'armée de M. de

---

1. Ainsi écrivait-on ce nom en ce temps où l'on croyait encore que, par les Grands Lacs, on pourrait atteindre les rivages chinois.

Denonville campée sur les bords du lac des Deux-Montagnes. En tout plus de deux mille combattants répartis en huit bataillons composés chacun de quatre compagnies, à quoi s'ajoutaient des canotiers et un parti d'Indiens alliés en grande tenue de guerre.

Pour fêter une aventure qui s'annonçait bien, ils avaient allumé de grands feux au-dessus desquels rôtissaient des quartiers d'orignaux, des lièvres, des perdrix et autres pièces de venaison. Les femmes avaient préparé quantité de chaudières de sagamité, cette purée de maïs relevée d'herbes sauvages et de graisse d'ours. Les chefs militaires avaient fermé les yeux sur les barils d'eau-de-vie en perce autour des lieux de ce gigantesque festin.

Accompagnés par les tambours des hommes rouges, les miliciens chantaient à pleine voix des chansons qu'ils disaient canadiennes mais venues, déjà modifiées, de leur province d'origine. Les soldats des bataillons français reprenaient les refrains. Les uns et les autres, à l'étonnement des habitants, étaient, sauf les gradés, tous vêtus de la même façon, une initiative du nouvel intendant Jean Bochart-Champigny. Cet ami personnel de Denonville, afin de rendre les militaires plus mobiles et moins visibles, avait dessiné une tenue de campagne inspirée de l'habillement traditionnel des coureurs des bois. Elle consistait en un capot de gros drap brun fermé par une ceinture de laine; aux jambes, des guêtres de peau de carcajou appelées «mitasses», aux pieds, des mocassins; sur la tête, un bonnet de chat sauvage et, en bandoulière, la couverture réglementaire. Les sergents gardaient l'ancien uniforme; sur une chemise blanche à col cravaté, une longue veste gris pâle à parements bleu de nuit, garnie de dizaines de boutons de laiton, une culotte et des bas gris foncé. On leur avait laissé aussi leur feutre à large bord. Les officiers portaient des bottes montantes de cuir noir souple et verni, des soubrevestes ornées, de riches justaucorps bleu roi à parements rouges sur lesquels venaient se croiser baudrier et écharpe. La plupart avaient remplacé le chapeau à plumes par un tricorne galonné.

Le gouverneur général de Denonville avait revêtu, sur une cuirasse d'apparat, un habit blanc chamarré d'or. Cette tenue martiale allait bien à celui qui, très jeune, avait été colonel du régiment des dragons de la reine. Mais par contraste, et selon son habitude, il tenait à la main un petit livre relié de velours bleu, un livre de prière, car le marquis guerrier tenait aussi à sa réputation de pieux personnage.

Le chirurgien Michel Sarrazin portait un simple habit noir. Voyez-le. Il se promène en sifflotant de groupe en groupe, observant tous ces hommes la bouche pleine de gros morceaux de viande. Ils essuient leurs lèvres du revers de la main, boivent une gorgée de brandevin, lèvent leur gobelet pour battre la mesure et pour réclamer une autre rasade.

Un Indien chargé de remplir les gamelles jeta dans celle de Michel Sarrazin et de ses voisins de larges portions de rôti.

«C'est bon, dit un militaire, jamais je n'ai mangé d'aussi bonne viande.»

Le chirurgien découpa la sienne, la regarda de plus près. Horrifié, il avait reconnu des os qu'il avait déjà étudiés lorsque, apprenti chirurgien, son patron lui faisait disséquer des petits animaux. Ce qu'il s'apprêtait à manger était du chien. Michel Sarrazin se rappela alors que la viande canine était pour les Iroquois un mets de choix et qu'en offrir était la plus belle façon d'honorer leurs convives.

Il valait mieux ne rien dire aux soldats. Le ventre plein, ils se pourléchaient. Certains avaient dû aussi déguster sans le savoir des grillades de porc-épic ou du rat musqué cuites à point.

«Nous avons bien fait de nous régaler. Demain peut-être serons-nous tous morts», lança un des troupiers.

Le lendemain était le 16 juin 1687. L'ordre du jour signé par le marquis de Denonville fut exécuté à la perfection. Un coup de canon en marqua le début. Michel Sarrazin vit alors partir en bon ordre cent quatre-vingt-dix-huit grandes barges faites de planches d'épinette. Elles naviguaient rangées en colonnes de vingt-quatre. Chaque colonne transportait un bataillon et son matériel. Autour de la flottille avançaient les canots d'écorce manœuvrés par des Indiens alliés ; c'étaient des Abénakis, des Algonquins, des Outaouais et même des Tsonnontouans christianisés, frères de race de ceux que l'on allait combattre. L'armada du gouverneur était précédée de deux navires de chêne armés d'un canon servi par vingt-cinq hommes. Les miliciens étaient sous les ordres d'un vieux chef expérimenté, Michel Dugué de Boisbriand. Leurs bataillons étaient encadrés par ceux des militaires venus de France, commandés par Philippe de Rigaud. Un navire spécial était destiné au gouverneur de Denonville, secondé par M. de Callières, et entouré de son état-major. Une autre embarcation était réservée aux chirurgiens et aux aumôniers.

Un de ceux-là appartenait à cette rare espèce de prêtres humbles et pieux, instruits et soucieux de bien répandre l'Évangile qu'étaient les sulpiciens. On ne les appelait ni « mon révérend père » ni « l'abbé ». On les appelait « monsieur ».

Monsieur François appartenait à une famille fortunée, les Vachon de Belmont. Venu de France sept ans plus tôt, il avait vite appris plusieurs langues indigènes et pouvait prêcher les Indiens. Pour eux, il avait, à ses frais, construit tout un village fortifié à l'ouest de Montréal.

Il y avait en ce lieu appelé «mission de la Montagne» une ferme où les Indiens apprenaient la culture et l'élevage, des ateliers où leur étaient enseignés des métiers tels que ceux de cordonnier, tailleur, fourreur, maçon. Dans la chapelle, monsieur François faisait la classe : langue française et musique. Durant la messe, il accompagnait de son luth les cantiques chantés dans la langue de ses ouailles. Il affirmait que la religion catholique devait être adaptée à la mentalité indienne. La mission qu'il avait créée était entourée d'une forte palissade et défendue par quatre hautes tours de bois [1].

Dans ce fort, les tribus amies trouvaient refuge contre leurs ennemis, recevaient des soins et trouvaient une école pour leurs enfants.

Selon les ordres du gouverneur de Denonville, l'escadre fluviale remontait le fleuve Saint-Laurent et franchissait tous ses rapides en direction du lac Ontario. Chaque soir, les deux gros bateaux de tête armés de canons s'approchaient de la rive, et des éclaireurs partis à bord de canots débarquaient sur le rivage, couraient jusqu'aux parties boisées, fouillaient

1. Il reste de ce fort de la Montagne, reconstruit en pierre en 1694, les deux tours rondes que l'on voit devant la propriété du séminaire au 1931 de la rue Sherbrooke Ouest à Montréal.

les buissons en quête d'ennemis cachés. Si rien ne menaçait, la troupe mettait pied à terre. Aussitôt des arbres étaient abattus, des palissades édifiées, des abris construits, des feux allumés pour la préparation des repas. Des sentinelles postées autour du camp le surveillaient jusqu'à l'aube quand stridulaient les fifres du réveil. Bientôt, M. de Callières ordonnait de sonner le signal du départ. Tout le monde regagnait les longues barques prêtes à repartir vers l'ouest.

Précédant la flottille, des détachements de fantassins, guidés par des coureurs des bois et des guides indiens, avaient parcouru les forêts côtières. Ils étaient chargés de faire prisonniers tous les Iroquois nomades et de les conduire dans un fort afin qu'ils n'aillent pas alerter les villages que le marquis voulait surprendre.

Le 1er juillet, deux semaines après le départ de La Chine, les troupes avaient atteint le fort Frontenac[1], situé sur la rive nord à l'entrée du lac Ontario. Le gouverneur de Denonville en avait fait son quartier général. Il y invita pour une ripaille des chefs iroquois. Ils vinrent, chargés de cadeaux. On leur avait annoncé que la réunion permettrait de négocier une trêve. Ils furent aussitôt ligotés et enfermés dans un cachot avec les Indiens faits prisonniers durant les premiers jours de la campagne.

---

1. Un fort autrefois construit par Cavelier de La Salle qui lui avait donné le nom du gouverneur général de l'époque. Il a été restauré et on peut aujourd'hui le visiter à Kingston (Ontario).

Le chirurgien Sarrazin fit monter des tentes sur la grève pour y installer son modeste hôpital de campagne. Ses premiers blessés étaient des soldats du roi mis à mal lors d'accidents à bord des barges, puis on lui amena des hommes blessés par des balles, mais aussi des victimes d'insolation, de dysenterie ou de rhume.

Ils racontaient les combats. Bien équipée, disciplinée, la forte armée de Denonville avait, au son de gais refrains repris en chœur, pleins de « maluron-maluré », envahi le territoire des Tsonnontouans et fait feu contre les guerriers iroquois. Ceux-ci s'étaient vite dispersés dans les bois, laissant les femmes et les enfants dans les villages.

Les soldats français évoquaient les cabanes anéanties par le feu, les provisions, le bétail et jusqu'aux outils et marmites saisis et détruits, la frayeur des peuplades tentant de fuir, livrées à la fureur des guerriers indiens alliés des Français embusqués dans les halliers. C'étaient les consignes de Denonville : répandre une telle terreur que plus jamais ces Iroquois de malheur n'oseraient porter atteinte aux intérêts de la colonie française.

À l'automne de 1687, l'opération était terminée et les troupes se préparaient à repartir par la vallée du Saint-Laurent. Un détachement fut chargé de construire un fort à l'est du lac, à l'embouchure de la rivière Niagara. Sarrazin avait demandé à en faire partie.

Son vif désir de mieux connaître le pays était aiguisé par un mot magique : Niagara. On le trouvait dans tous les récits de voyage, tous affirmant qu'on ne pouvait imaginer ses somptueuses cataractes. Il fallait les avoir vues.

Dès que le fort fut érigé au bord de l'estuaire, Sarrazin partit un matin avec quelques volontaires sur un sentier longeant la rive gauche de la rivière au flot d'une incroyable rapidité.

Au loin, les cascades s'annonçaient par des nuages de vapeur d'eau et bientôt par de monstrueux grondements de plus en plus assourdissants.

Enfin apparut le prodigieux spectacle : dans la vallée élargie, un puissant océan se précipitait sans arrêt vers le vide, pour choir de cent quarante-cinq pieds avec de formidables fracas au fond de gouffres, dans une féerie de vapeurs argentées colorées par des arcs-en-ciel.

Le soleil couchant éclairait tout le fond de ce prodigieux théâtre, jetait des feux dorés sur les eaux mouvantes et irisées, embrasait la cime des yeuses et des pins gigantesques accrochés aux rochers de la rive. Une grande île — celle de la Chèvre, avait dit le guide — coupait les chutes en deux parties, l'une rectiligne, la deuxième formant un vaste demi-cercle.

Dans le courant impétueux s'entrechoquaient des troncs d'arbres, et des aigles glatissaient dans un ciel humide.

Sarrazin, fasciné, ne pouvait s'arracher à ce déchaînement. Il pensait que depuis des milliers d'années, le lac Érié se déversait ainsi dans le lac Ontario, que longtemps encore les cataractes empliraient ces lieux de leurs mugissements.

Ce qui semblait être un gros insecte butinant une belle fleur bleue l'arracha à sa méditation. Sarrazin reconnut, pour en avoir vu des images, un colibri. Ce que la nature avait fait de plus fin et à la fois de plus somptueux faisait face à ce qu'elle avait conçu de plus formidable et de plus déchaîné.

L'oiseau-mouche au plumage riche en couleurs, friand de nectar, battait des ailes de façon si rapide qu'elles en devenaient indistinctes. La fleur dans laquelle il cueillait son repas avait un rare attrait pour le jeune amateur de sciences naturelles. C'était une aquilégie de l'Amérique du Nord, autrement dit une ancolie, celle-là même que le botaniste Jean-Baptiste Cornut avait découverte et décrite dans son ouvrage.

Repris par sa passion, Michel Sarrazin remplissait son sac de végétaux, d'insectes, de cailloux. Il pensait au père Félix. Il lui revint tout à coup à la mémoire une scène vécue autrefois avec lui. C'était à Cîteaux, dans le marécage. Le moine avait dit:

«Petiot, regarde bien cette fleur-là.» Il se penchait sur une plante dont les feuilles rondes étaient garnies de fins tentacules terminés chacun par une minuscule bosse où perlait une goutte de liquide clair. Le père Félix avait attrapé au vol un moucheron, l'avait saisi avec une petite pince de métal qu'il avait toujours sur lui, ainsi qu'une loupe. Il avait déposé l'insecte sur une des feuilles, et les longs poils s'étaient refermés sur lui. «Un piège naturel, avait déclaré le religieux, nous sommes devant *Drosera*, une plante carnivore. Elle va absorber la mouche, la digérer. Ce curieux végétal s'appelle aussi "rossolis", c'est-à-dire "rosée du soleil", à cause de toutes les gouttes brillant sur sa tige pour attirer les insectes assoiffés. Tu te souviendras aussi, petit Michel, que *Drosera*, donnée en infusion, guérit les quintes de toux causées par la coqueluche.»

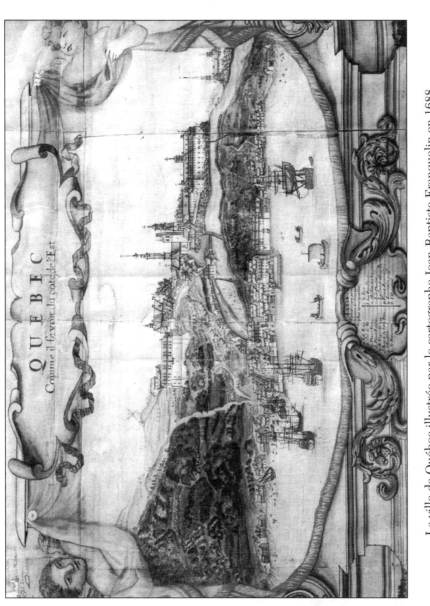

QUEBEC
Comme il se voit du côté de l'Est

La ville de Québec illustrée par le cartographe Jean-Baptiste Franquelin en 1688.

3

Automne 1687 : Le carnet de basane

L e chirurgien militaire retrouva à Québec sa petite chambre de la rue du Sault-au-Matelot. Il avait fait le voyage de retour en compagnie du sulpicien Vachon de Belmont et, se souvenant de ses paroles, les nota dans un carnet relié de basane verte, dépositaire de ses intimes pensées.

Voici ce qu'un indiscret aurait pu lire à la date du 2 septembre 1687 :

> *Alors que sur la barge nous descendions le*
> *Saint-Laurent, monsieur François m'a dit :*
> *« Le marquis de Denonville se trompe s'il*

croit avoir maté à jamais les Iroquois. Nous avons seulement renforcé la haine qu'ils nous vouent. D'autres guerres coûteuses contre eux seront nécessaires avant que notre colonie retrouve et la paix et la prospérité. »

Au moment où il disait cela notre embarcation en doublait une autre sur laquelle étaient enchaînés une trentaine de Sauvages. C'étaient des prisonniers de guerre que le marquis envoyait en Méditerranée où ils devront ramer sur les galères du roi de France. « Il y a parmi eux, a souligné monsieur François, quelques grands chefs pris par ruse au fort Frontenac où ils avaient été invités à un festin amical. Attendons-nous, a-t-il ajouté, à une terrible vengeance de ces Indiens. »

Le carnet vert était rempli d'autres réflexions inscrites par le jeune Sarrazin conscient qu'il se trouvait à un tournant de sa vie. En voici quelques-unes :

Novembre 1687
La guérilla a repris dans la région des Grands Lacs. Le fort Frontenac assiégé, sa garnison affaiblie par le scorbut est prisonnière des Indiens. Il faut négocier avec eux et ils réclament la libération des prison-

niers, le démantèlement de nos forts et le paiement d'indemnités. Tous nos efforts de l'an dernier n'auront servi à rien. Et quel affront pour la France!

23 décembre 1687
M. de Denonville me fait l'honneur de m'inviter à une réception donnée en sa résidence. Je n'ai pas le courage d'y aller. Le gouverneur ne fait presque plus appel à mes services et je me sens inutile en ce Québec glacé. Je me console en classant et en étudiant les plantes, les insectes et les minéraux ramenés des bords du lac Ontario.

15 mai 1688
Arrivée en provenance de France du voilier Le Soleil d'Afrique, *commandé par le bouillant capitaine Pierre d'Iberville. Il nous amène 300 militaires et aussi N.N.S.S. François de Montmorency-Laval (dont la démission a été acceptée) et Jean Baptiste de La Croix de Chevrières de Saint-Vallier, de retour de Paris où il était allé recevoir la mitre épiscopale. Désormais logent au séminaire deux évêques, le nouveau et celui que nous appelons monseigneur l'Ancien, toujours très aimé de la population.*

Mgr de Saint-Vallier fait preuve d'une sévérité excessive en matière de religion et de morale. Pour lui, les coiffes dites à la fontange, ornées de rubans de couleur, sont un signe d'impiété. Il ordonne aux curés de prévenir les dames qu'elles risquent d'être privées des sacrements si elles arborent cette coiffure à l'église.

8 juin 1688
Je me demande toujours comment appeler ici les gens venus de France. On pourrait dire les « Canadiens », mais cela engloberait-il les Indiens ? On pourrait utiliser l'expression « Français du Canada », mais j'ai remarqué dans les familles paysannes installées les premières dans ce pays que le lien avec le Royaume de France se distend de plus en plus. Chez les marchands, les fonctionnaires et encore plus chez les militaires, toujours prêts à être nommés en poste ailleurs, on continue à se dire sujet du roi et l'on n'aime pas se faire appeler « Canadien ».
Pour sa part, le marquis de Denonville utilise une expression à lui. Il donne en bloc à tous les Blancs de la colonie le nom de « colonistes ». Mais ce mot restera-t-il ?

27 juillet 1689

Ce matin, j'ai deux militaires à soigner, les bas officiers Raymond Blaise et François Lefebvre. L'un se dit sieur des Bergères, l'autre, sieur du Plessis. La canicule, le désœuvrement, l'ivresse les ont poussés à s'insulter, puis à se battre à l'épée, procédés fort réprouvés par M. de Denonville. Outre les souffrances que leur causent leurs blessures, ils seront condamnés à verser une forte amende.

Suis-je devenu chirurgien des armées pour m'occuper de ferrailleurs qu'un rien offense et que l'abus des liqueurs fortes rend furieux ?

12 août 1689

Le glas a sonné toute la journée pour rappeler une terrible nouvelle : la semaine dernière, en pleine nuit, quinze cents guerriers iroquois ont traversé le lac Saint-Louis et attaqué la petite ville de La Chine. Ils ont tué, blessé, incendié et pillé. On parle d'une centaine de victimes. C'est sans doute la vengeance promise par nos ennemis et dont me parlait le sulpicien Vachon de Belmont.

Une grande épouvante étreint tous les habitants de la vallée du Saint-Laurent. Dans

*toutes les maisons, on s'arme, on se barri-
cade. Dans les églises et les chapelles des
monastères où brillent des buissons de
cierges, les prêtres revêtus de leur dalma-
tique font réciter les prières expiatoires des
quarante heures.*

28 août 1689
*J'ai su ce matin à l'arrivée d'un vaisseau de
France qu'en Europe, une autre guerre est en
cours, déclarée par le roi de Londres. Le colonel Thomas Dongan, gouverneur de la province de New York, connaissait cette nouvelle
depuis un mois, alors que nous l'ignorions
encore en Nouvelle-France. Il aurait encouragé les Iroquois à attaquer La Chine et à
exterminer ses habitants pris au dépourvu.*

5 septembre 1689
*J'ai trente ans aujourd'hui. Je suis seul dans
ma chambre et me dis : « Michel, qu'as-tu
fait de ta vie ? »*
*Il y a en moi un grand vide où Dieu pour-
rait prendre sa place.*

15 octobre 1689
*J'apprends que, rappelé à Paris, M. de
Denonville va nous quitter. Ce n'est pas une*

*disgrâce. Il est nommé précepteur en
second du jeune duc de Bourgogne, le petit-
fils de Sa Majesté Louis XIV.
Le bruit court également que notre nouveau
gouverneur sera le comte de Frontenac. Il a
déjà occupé cette charge de 1672 à 1682 et
laissé le souvenir d'un homme à la fois éner-
gique et opulent. Il a maintenant plus de
soixante-dix ans.*

*16 octobre 1689
Aujourd'hui, réception solennelle du nouveau gouverneur. Il revient accompagné de
militaires et aussi de quelques Tsonnontouans naguère condamnés à la peine des
galères. Parmi eux, le chef Orouaré. Cela
signifierait que M. de Frontenac va tenter
d'amadouer les Indiens. S'ils refusent la
paix, ils seront combattus avec une rigueur
extrême.
J'ai été me présenter à la résidence du gouverneur général. Il ne m'a pas fait l'honneur
de me recevoir. Un officier de la garnison
m'a informé que mon nom ne figure pas sur
la liste des officiers. J'ai fini par apprendre
que ma nomination de chirurgien-major
des armées de terre, faite par monsieur de
Denonville, n'avait jamais été transmise à*

*Paris. Me voici revenu au grade le plus su-
balterne et privé de toute solde puisque les
autorités de la Marine m'ont rayé de leurs
listes. Je serai payé sur les fonds de l'administration locale, mais avec parcimonie.*

*J'en viens à regretter le temps où monsieur
de Denonville, toujours hautain et cassant,
me confiait de glorieuses missions.*

*Et Bénigne, la douce demoiselle aux taches
de rousseur ? J'avoue que peu à peu elle
s'enfonce dans les oubliettes de ma mémoire.*

22 novembre 1689
*Au moment de quitter Québec pour
Montréal où j'ai reçu l'ordre de me présenter pour participer à une expédition militaire, je suis appelé d'urgence à bord de La
Sirène ancrée devant le port. Venant des
Antilles, cette frégate marchande a perdu en
mer beaucoup de marins frappés par une
épidémie. À bord, j'ai donné les premiers
soins à plus de quarante marins et militaires en bien mauvais état, tous fiévreux, le
corps couvert de taches rouge foncé. Je les
ai fait transporter à l'Hôtel-Dieu.*

30 novembre 1689

Enfin arrivé à Montréal après une lassante semaine de navigation sur le fleuve. Le courant très fort charriait de grandes plaques de glace. Le vent était contraire, les rameurs peinaient dur. Le philosophe Pascal nous dit que les rivières sont des chemins qui marchent et qui portent où l'on veut aller. Mais ce n'est pas toujours sans mal.

J'ai rencontré au séminaire le bon François Vachon de Belmont. Son supérieur, monsieur Dollier de Casson, m'a fort civilement gardé à souper.

Contrairement à celui de Québec, le séminaire de Montréal n'est pas avant tout destiné à former les futurs prêtres. C'est la résidence des messieurs de Saint-Sulpice. Seigneurs de l'île, ils ont besoin de locaux pour tenir des réunions, conserver des archives, recevoir les curés.

C'est une grande et belle demeure prolongée par un parc clos de murs et bâtie à l'ombre de l'église. Si ce n'était le bruit des cloches elle serait très tranquille. Monsieur Dollier de Casson en a dessiné les plans et il en est justement fier, tout comme de son autre œuvre, l'église Notre-Dame. Il a ouvert les nouvelles rues de Montréal. À présent, il

*a dans l'idée de faire creuser un canal pour
relier le port à l'embarcadère de La Chine.
Contournant les rapides, la voie d'eau sup-
primerait un portage long de trois lieues.
« Qu'en pensez-vous, messire Sarrazin ? »
m'a-t-il demandé soudain.*

*C'était après le souper. Nous étions tous les
deux assis devant un feu de foyer. Il m'a
interrogé sur mon avenir avec beaucoup
d'affabilité. M'étonnant moi-même, j'ai
répondu par cette phrase : « J'ai le goût de
devenir prêtre. »*

*Il a réfléchi gravement, les yeux baissés, les
mains jointes. Sans doute faisait-il une
courte prière pour demander l'inspiration
nécessaire à sa réponse. Puis il a dit sur un
ton très doux : « Vous avez le goût, dites-
vous ? Cela sonne de façon curieuse et
donne l'impression d'un caprice. J'eusse
préféré vous entendre parler de disposition,
de vocation. »*

*J'ai alors évoqué mes ambitions déçues et
un peu le regret de Bénigne. « Je pense, a-t-il
conclu, que vous êtes plutôt fait pour soigner les gens de ce pays qui en ont bien
besoin. Écoutez-moi, Michel Sarrazin, vous
devez choisir la voie la plus appropriée à
votre devoir et non pas la plus conforme à*

une préférence sans doute provisoire. Je vous propose de faire une retraite chez nous, le temps que vous voudrez. Vous pourrez prier, méditer seul et vous entretenir avec moi lorsque vous le désirerez. »
J'étais agité par d'intenses émotions. Je sentais en moi une fièvre étrange. J'ai accepté sur-le-champ la proposition.
« Nous nous entendrons bien, a-t-il ajouté. Avant de devenir sulpicien, j'étais capitaine de cavalerie, puis, ordonné prêtre je suis devenu aumônier militaire dans un régiment venu combattre les Iroquois. J'étais soldat, je suis devenu prêtre. Vous êtes militaire. Vous souhaitez revêtir la soutane. L'homme s'agite, mais Dieu le mène. »

Dans le carnet de basane verte, après cette phrase, quelques pages blanches, puis ces lignes à la date du 4 mai 1692.

Pendant près de trois années j'ai cessé de noter mes réflexions. Je sens le besoin de reprendre aujourd'hui mon journal intime. J'habite à présent à Québec chez Jean-Baptiste Franquelin. Auparavant, durant de longs mois, j'ai été l'hôte du séminaire de Montréal.

En ce soir mémorable de novembre 1689, celui où j'avais accepté la généreuse hospitalité de monsieur Dollier de Casson, j'ai ressenti soudain, après notre conversation, les atteintes d'un mal, certainement contracté à l'Hôtel-Dieu de Québec, dont j'ai failli mourir. Soigné avec dévouement par les sulpiciens, guéri mais demeuré faible, j'ai vécu chez eux une longue période de stupeur, puis de mélancolie. Quelques souvenirs vagues me reviennent à l'esprit des jours moroses d'une longue convalescence.

Je me revois traînant dans la bibliothèque où, d'un œil distrait, je feuilletais des ouvrages ; dans leur jardin où j'errais seul, j'ai souvenance, engourdi par une tristesse vague, d'après-midi passés à somnoler, de nuits sans sommeil.

J'allais souvent dans l'église. Je n'aimais rien tant, caché dans l'ombre d'une tribune, que les chants liturgiques montant vers moi avec les fumées aromatiques de l'encens. Cela me ramenait à mon enfance quand le plain-chant des moines faisait résonner les voûtes de Cîteaux.

Un jour, monsieur de Casson m'apporta une nouvelle émanant de Versailles. Un décret avait ratifié ma nomination de chirurgien-

major. Alors, en un éclair, je retrouvais ma conscience, ma mémoire intactes, mes forces revenues. « Je pense, avait dit le supérieur, que vous devriez retourner à Québec pour y reprendre vos tâches auprès des malades. La supérieure de l'Hôtel-Dieu depuis des semaines souhaite votre retour. » J'ai demandé : « Ne me gardiez-vous pas chez vous dans l'idée que je puisse devenir sulpicien ? » Le bon monsieur Dollier de Casson a répliqué : « J'ai toujours compris que vous êtes fait pour soigner les corps plutôt que pour guérir les âmes. Que la grâce de Dieu soit avec vous. »

J'ai vite appris tout ensemble les événements inouïs survenus durant ma maladie : en février 1690, pour répondre au massacre de La Chine, le gouverneur Frontenac avait ordonné de sanglantes expéditions punitives contre des villages de la Nouvelle-Angleterre. (C'est pour participer à cette opération militaire que l'on m'avait envoyé à Montréal.) La riposte anglaise est venue à l'automne de cette même année 1690 sous forme d'une attaque de Québec. Mais malgré ses trente-quatre vaisseaux et ses trois mille hommes, l'amiral Phips n'a pu prendre la ville assiégée. C'est à cette occasion que le gouverneur Frontenac a proféré de nobles paroles à l'envoyé britannique chargé de lui porter l'ultimatum. « Monsieur, je ne répondrai que par la bouche de mes canons. »

12 mai 1692
Le fleuve est libre de glaces, demain je descends à Québec. Quelle sera ma vie désormais ?

Un clair matin de printemps avait incité le chirurgien-major à aller herboriser dans l'île d'Orléans. Il remarqua, le long d'un ruisseau, dissimulé sous des feuillages vert tendre, un homme occupé à faire des croquis d'une compagnie de castors rongeant à belles dents des troncs de bouleaux. Il s'approcha sans bruit. Lorsque se referma le cahier de dessin, Sarrazin prit la parole.

« Je prends la liberté, monsieur, de vous poser une question. Vous consacrez-vous à l'étude anatomique de ces rongeurs que je vous vois dessiner avec autant de précision et de grâce ?

— Non point, répondit le quidam en éclatant de rire, je ne suis pas, comme on dit, zoologiste. Je serais plutôt un peu peintre, peintre amateur et surtout hydrographe. Je m'intéresse aux cours d'eau, aux lacs, à la mer et aussi aux créatures aquatiques et marines.»

Il se nomma: Jean-Baptiste-Louis Franquelin, né en France. Il raconta qu'il était venu au Canada en 1672 dans la suite du gouverneur Frontenac.

«Étiez-vous de ses amis?

— J'ai eu la chance de naître dans un village aux confins du Berry et de la Touraine, proche du château de la famille de ce grand homme. Il a proposé à mes parents de m'emmener au Canada à titre de soldat de sa garde. J'avais surtout le goût du dessin. J'ai eu le bonheur de rencontrer une jeune veuve de Québec que j'ai épousée. J'ai tenté de me faire marchand, puis je me suis passionné pour l'hydrographie, surtout la navigation et les cartes marines que j'enseigne à présent.»

À son tour, Michel Sarrazin fit le récit de sa courte existence. Ils rentrèrent ensemble en ville, tout en devisant, heureux l'un et l'autre d'avoir noué une amitié dont ils espéraient qu'elle durerait longtemps.

Sur la place Royale, face à l'église toute neuve de Notre-Dame-de-la-Victoire[1], s'élevait la maison des Franquelin, une grande bâtisse chapeautée

---

1. Consacrée tout d'abord à l'Enfant Jésus, l'église porta le nom de Notre-Dame-de-la-Victoire après le départ de la flotte de l'amiral Phips. Vingt-deux ans après, le naufrage de la flotte de l'amiral Walker lui valut le nom de Notre-Dame-des-Victoires.

d'ardoises bleues. Des fleurs aux fenêtres, des rires d'enfants à chaque étage.

L'étonnant Jean-Baptiste avait épousé Élisabeth, dont le mari était mort en lui laissant à élever huit gamins et gamines. Quatre autres fillettes étaient nées du second mariage. Pour faire vivre cette copieuse famille, Franquelin, outre les cours qu'il donnait à l'École d'hydrographie, dessinait des plans et surtout d'admirables cartes de géographie. Il avait installé un vaste atelier dans son grenier. Sur une grande table, éclairée par une lucarne donnant vers le nord, offrant la lumière froide nécessaire à ce genre de travaux, s'étalait une carte de la Nouvelle-France, rehaussée d'aquarelle. Dans les parties représentant la mer, le cartographe avait dessiné de petits navires aux voiles gonflées de vent, des poissons et des animaux marins; dans celles figurant des forêts, il avait ajouté des orignaux et des cerfs. Au long des traits bleus représentant les rivières, on voyait des castors. Son œuvre était également agrémentée de roses des vents et de cartouches entourés de fleurs et d'angelots. L'un d'eux montrait une vue de Québec.

«Vous êtes un véritable artiste, dit Michel Sarrazin.

— Je ne suis qu'un artisan», répliqua Jean-Baptiste.

Ce soir-là, le cartographe et sa femme réunissaient quelques amis. Le plus âgé s'appelait Claude Baillif. Né en Normandie, venu en Canada à la suggestion de Mgr de Laval, ce tailleur de pierre était devenu le grand constructeur de Québec. Il venait de terminer Notre-Dame-de-la-Victoire. Auparavant, il avait édifié le petit séminaire, reconstruit une partie de la ville détruite par le grand incendie de 1682, œuvré à l'agrandissement de la cathédrale et à l'établissement d'une batterie de onze canons au bord du fleuve, au bout de la rue Sous-le-fort à l'endroit appelé la Pointe aux roches [1]. Il parlait de ses projets en appuyant ses propos de gestes nets de ses mains de bâtisseur, à la fois vigoureuses et fines.

Mgr de Saint-Vallier lui demandait de terminer son palais épiscopal, et le gouverneur Frontenac voulait transformer le fort Saint-Louis en un véritable château, encore plus considérable que la résidence de l'évêque et digne de sa qualité de vice-roi de la Nouvelle-France.

« Encore du travail pour vous, maître Baillif. Mgr l'évêque a obtenu du roi de France l'autorisation de fonder un hôpital général [2].

1. Cette batterie conçue par Baillif et Franquelin a été restaurée et l' on peut aujourd'hui la visiter dans la ville basse.
2. À l'époque, un hôpital général n'était pas destiné aux malades, mais aux indigents, surtout pour soustraire la misère de la vue du public. En cela, les autorités de Québec imitaient celles de Paris où un hôpital général avait été ouvert trente ans plus tôt « pour le renfermement des pauvres mendiants ». C'était aussi un lieu de détention pour les prostituées, les enfants trouvés, c'est-à-dire abandonnés, et, gardées à part, les jeunes filles de bonne famille coupables de mauvaise conduite.

— J'ai appris qu'il sera installé dans le couvent que les récollets vont quitter. Il y aura de l'ouvrage pour vous, mon cher Sarrazin, puisque les hospitalières de l'Hôtel-Dieu s'occuperont des pensionnaires.

— Qui seront-ils ? demanda Élisabeth, la femme de Franquelin.

— Des infirmes, des vieillards sans famille, des pauvres honteux [1]. »

Près du bâtisseur se tenait un solide gaillard dans la quarantaine, au teint hâlé. C'était Louis Jolliet, hydrographe du roi en Nouvelle-France que Michel Sarrazin admirait autant que Claude Baillif.

L'intendant Jean Talon, vingt ans plus tôt, fasciné par les richesses de l'Amérique et persuadé que l'Asie était proche, avait chargé Louis Jolliet de s'aventurer jusqu'au grand fleuve que les Indiens appelaient Meschacebé et de voir s'il ne mènerait pas au Pacifique. Les jésuites de Québec, soucieux pour leur part d'évangéliser des peuples inconnus, avaient fourni de l'argent pour l'expédition et envoyé, pour seconder Jolliet, le père Jacques Marquette capable de parler soixante-cinq dialectes indiens.

Les deux hommes et leurs cinq canotiers, via les Grands Lacs et la baie Verte, avaient atteint le fleuve Wisconsin, puis étaient descendus jusqu'au fameux Meschacebé, encore nommé Mississippi. Ils suivi-

---

1. Les pauvres dits « honteux » accueillis à l'hospice devaient se plier à sa discipline et étaient forcés d'accomplir de menus travaux.

rent ses larges méandres, étonnés de trouver une autre Amérique faite de vertes prairies illimitées où paissaient des bisons, chargée d'arbres nouveaux, de fleurs étranges. Des oiseaux colorés volaient dans un air très doux. Ils rencontrèrent des hommes de la nation du Feu et de la tribu des Illinois. Tous dirent que le grand fleuve atteignait la mer en direction du point où le soleil est toujours au plus haut, c'est-à-dire le sud, certainement dans le golfe du Mexique. Jolliet et Marquette ne pouvaient aller plus loin sans s'aventurer sur des terres dépendant du roi d'Espagne. Ils revinrent à Québec.

Louis Jolliet possédait des voiliers et des pêcheries sur la Côte-Nord. Il venait souvent à Québec où il vivait dans la plus belle maison de la basse ville[1], bien sûr construite pour lui par l'ami Baillif. Comme Franquelin, il enseignait à l'École d'hydrographie. Il professait que le pays devait former de bons pilotes et de bons cartographes, car trop de navires faisaient naufrage sur le Saint-Laurent.

«Avez-vous appris, demanda Élisabeth, ce qu'il vient d'arriver à la fille du seigneur de Verchères? Cette petite demoiselle de quatorze ans prénommée

---

1. Cette maison existe toujours au 16 rue Petit-Champlain. Elle abrite la gare inférieure du funiculaire.

Madeleine, enfermée seule avec ses jeunes frères et quelques domestiques dans le manoir familial, a tenu en respect des assaillants iroquois. Elle a même tiré le canon contre eux.

— Pourquoi aller chercher des héroïnes dans les pièces de MM. Racine ou Corneille, déclara Jolliet, nous en avons sous la main en Nouvelle-France.

— À ce sujet, dit Jean-Baptiste, le gouverneur Frontenac a décidé que l'on jouerait la comédie au château Saint-Louis. Il s'est mis en tête de présenter une œuvre excellente mais controversée de Molière, *Tartuffe*.

— Parions, ajouta Jolliet, que l'évêque Saint-Vallier fera tout pour empêcher les représentations.

— M. de Frontenac aime vraiment le théâtre? demanda Sarrazin.

— C'est fort à la mode à Versailles et il prétend vivre ici comme s'il était à la cour de notre roi.

— Frontenac est un homme d'autrefois, un féodal, lança Baillif. Ses défauts s'accordent à son goût de la grandeur. Il flatte le souverain, l'imite. Pour lui plaire, il faudrait que nous-mêmes devenions courtisans et flattions le marquis de Frontenac.

— Je n'ai pas manqué de le faire, avoua Jolliet. Je voulais voir les bornes de sa vanité. Après mon expédition dans le Sud, sur la carte que j'ai établie et qu'a si exactement dessinée notre ami Jean-Baptiste, j'ai donné au Mississippi le nom de "fleuve Frontenac" et appelé toute la région la "Frontenacie". Notre gouverneur a fait reprendre mon travail. Pas par modestie. Il désirait que le Mississippi portât le nom de fleuve Colbert et que sa vallée devienne la Colbertie. Il ne pensait qu'à encenser le puissant ministre du roi.

— Puis-je ajouter, fit le cartographe, que vous aviez choisi pour la rivière des Illinois un aimable nom : la Divine.

— Pourquoi la Divine ? s'étonna Michel Sarrazin.

— On surnomme ainsi à Paris la comtesse de Frontenac, une très belle femme. Hélas ! elle n'a jamais suivi son mari à Québec.

— Votre vin est incomparable», dit Michel Sarrazin à Élisabeth en lui tendant son gobelet.

Le chirurgien se tut. Il se sentait très heureux. Enfin, il avait trouvé à Québec un groupe amical dépourvu de fonctionnaires, de militaires, de spéculateurs, un groupe où l'on ne parlait pas d'argent à gagner ou de dignités à briguer. Les amis de Franquelin étaient des artisans, des voyageurs, des savants, des gens attachés avant tout aux choses de l'esprit.

Par malheur, cette soirée d'amitié était aussi une soirée d'adieux. Baillif devait bientôt passer en France où il allait se renseigner sur de nouvelles façons de construire et d'orner les bâtisses. Jean-Baptiste avait été choisi pour une mission de confiance à bord du navire commandé par le corsaire Lamothe de Cadillac. On pouvait comprendre qu'il allait faire des relevés sur les côtes de la Nouvelle-Angleterre et rapporter des plans des défenses anglaises. Ensuite, Franquelin devait se rendre en France où sa femme et ses enfants le rejoindraient. Pour sa part, Louis Jolliet allait repartir vers ses terres nordiques.

Dans sa chambre, Sarrazin était pensif. Le découvreur du Mississippi l'avait fortement encouragé à quitter le Canada pour aller faire des études de médecine à Paris.

«Quitter Québec? Mais j'aime ce pays, surtout en tant que botaniste.

— Pensez-y. Quel avenir aurez-vous ici en demeurant simple chirurgien? Obtenez un doctorat et revenez parmi nous. C'est ce que j'ai fait. Je suis né à Québec, mais mes éducateurs ont su m'envoyer dans la capitale française où j'ai suivi un cours de cosmographie et même appris à jouer de l'orgue. Tout cela m'a valu ici beaucoup de considération. Vous avez le goût de prévenir et de soigner les maladies de vos contemporains? Allez donc étudier à la Sorbonne. On y confirmera vos talents médicaux. Et de plus, on vous enseignera le beau langage des savants. Ainsi, au lieu de dire "os du bras", vous apprendrez à dire "humérus". Vous n'en réduirez pas mieux les fractures, mais vous serez davantage estimé.»

Vue du Jardin royal des Plantes où Michel Sarrazin étudia la médecine.
Dessin et gravure de Perelle datant du XVIIe siècle.

4

Automne 1694: Au Jardin du roi

Pour Michel Sarrazin, c'était le plus beau parc du monde. Il portait le nom de «Jardin du roi». Clos de murs, ce paradis terrestre, ouvert au grand public, s'étendait près du confluent de la Seine et de la petite rivière Bièvre [1].

C'est là qu'il apprenait son futur métier de médecin.

---

1. Ce lieu existe encore à Paris, c'est le Jardin des Plantes (Muséum national d'histoire naturelle). Ses grilles s'ouvrent face à la gare d'Austerlitz. Outre les végétaux, on y trouve à présent une ménagerie et diverses expositions permanentes dont une grande galerie consacrée à l'évolution.

Dès son arrivée à Paris, le jeune homme était allé au cœur de l'antique Quartier latin se renseigner sur les cours de médecine donnés à la Sorbonne. Étonné, il avait pénétré dans un lieu sombre, imprégné de vieilles odeurs où s'entassaient des jeunes gens sages, vêtus de noir. Ils se donnaient le nom étrange de «philiatres», étaient entourés de vieux livres, face à des maîtres portant de monumentales perruques et des barbes longues, coiffés de hauts bonnets cornus et drapés dans des toges violettes. Leur langue d'enseignement était un latin boursouflé.

Il apparut à Sarrazin que, pour les sorbonnards, la médecine n'était ni un art ni une science, mais une branche bavarde de la philosophie, que la faculté, au lieu d'enseigner aux étudiants comment rétablir les malades, les encourageait à discourir. «Va-t-il falloir, pensait-il, que pour avoir le droit de me dire médecin je passe de belles années de ma vie avec ces pédants, à apprendre par cœur en langue latine des théories héritées de l'Antiquité?»

Démoralisé, hésitant à devenir philiatre, il avait sur-le-champ décidé de se rendre en Bourgogne et d'aller revoir son village natal, la tombe de ses parents et ses deux frères encore vivants.

Le voici donc à Gilly, un hameau proche de la petite ville appelée Nuits, environnée de ses vignobles. Au Prieuré, il apprit que le père Félix était mort, mais il fut reçu par le père abbé et régalé d'un repas bourguignon. Il retrouva les escargots comme les faisait sa maman, les œufs en meurette, c'est-à-dire cuits au vin rouge et entourés de croûtons dorés, la potée à base de lard et de légumes tout droit sortis du jardin et la tarte au cassis; le tout arrosé du meilleur clos-de-vougeot, l'admirable cru du monastère de Cîteaux.

Interrogé sur son avenir, Sarrazin narra sa visite à la faculté de médecine parisienne.

« Plutôt que chez ces prétentieux charlatans, allez donc vous faire instruire chez mon ami le Dr Gui Fagon.

— Qui est-il?

— Un vrai savant. À l'opposé de beaucoup de ses collègues de la Sorbonne, il adhère à la nouvelle théorie selon laquelle le sang circule dans les vaisseaux de notre corps. Il est habile anatomiste et aime soigner par les plantes. Il encourage dans certains cas les infusions de thé de Chine, de cacao et même de café de Moka.

— En somme, un personnage novateur. Il me plaît.

— Aux premiers temps de la construction du château de Versailles, à cause des étangs encore insalubres, notre roi avait contracté des fièvres dues au mauvais air. Maître Fagon n'a pas hésité à lui conseiller l'écorce d'une plante américaine, le quinquina. Cette nouvelle médecine l'a d'un coup remis sur pied.

— Où le Dr Fagon donne-t-il ses cours?

— Vous le trouverez dans un faubourg de Paris, au-delà de l'abbaye Saint-Victor. Il est surintendant du Jardin du roi. C'est là qu'il a sa maison et où il vit parmi les fleurs et les arbres, ce qu'il aime le plus au monde.»

Fermé à l'ouest par une noble bâtisse, le jardin en pente légère formait un immense rectangle, partagé en carrés, eux-mêmes divisés en plates-bandes régulières où poussaient quelque quatre mille espèces végétales, arbustes, arbres fruitiers et ornementaux. Les plantes médicinales étaient groupées selon leurs effets sur l'organisme humain; il y avait le bataillon des purgatives, celui des pectorales, des adoucissantes, des émollientes, des vermifuges et autres troupes terrestres si utiles à la santé. Un petit étang accueillait les végétaux aquatiques et, dans un bosquet serré établi sur une butte de terre, les jardiniers du roi avaient tracé un labyrinthe complanté de pins, d'érables et d'arbrisseaux de montagne.

«C'est le beau royaume de Flore», disait Sarrazin, ravi.

Dans le bâtiment, des salles de cours éclairées par de hautes fenêtres contenaient toutes sortes d'échantillons de pierres, de squelettes d'animaux et, dans des bocaux d'alcool, de nombreuses pièces anatomiques. Ici, le Dr Fagon, ses collègues et ses assistants enseignaient, avec l'art de guérir, la connaissance des trois règnes: le végétal, le minéral et l'animal. Cette école indépendante de la Sorbonne était née soixante ans plus tôt par la volonté du roi Louis XIII, à la grande fureur des professeurs de la vieille faculté de médecine.

Le jour où Sarrazin s'était présenté, l'illustre Dr Fagon était absent. Déjà médecin attitré de la reine et des enfants royaux, il venait d'être élevé au titre suprême de «premier médecin du roi». Obligé désormais de résider à la cour de Versailles et de suivre le souverain dans tous ses déplacements, il venait toutefois donner au Jardin royal des cours très suivis.

En son absence, le Dr Joseph Pitton de Tournefort, son meilleur élève, le suppléait. C'était un botaniste de première force, créateur d'une originale méthode de classement des plantes, fondée sur la forme de leurs corolles et celle de leurs fruits. Son système lui avait permis de répartir en vingt-deux catégories près de dix mille espèces ou variétés de végétaux [1].

1. La méthode de classement de Tournefort a été supplantée trente-cinq ans plus tard par celle du botaniste suédois Carl von Linné dont la nomenclature est encore utilisée de nos jours.

Tournefort venait de le faire connaître au monde savant par un gros ouvrage abondamment illustré. Chose rare pour l'époque, ce livre scientifique était rédigé non pas en latin mais en français.

Sarrazin admirait ce savant personnage âgé de trois ans de plus que lui et ne manquait aucun cours. Afin de masquer son visage juvénile et sa timidité, Tournefort s'était laissé pousser une barbe de prophète. Mais rien ne pouvait dissimuler le fort accent de sa Provence natale.

À ses élèves désireux de mettre en pratique son système, il disait : « Il vous faut ramasser comme par bouquets les plantes qui se ressemblent et les séparer d'avec celles qui ont peu en commun. »

Sarrazin pensait qu'il n'y avait pas plus grand bonheur au monde que d'être le disciple et l'ami de Joseph de Tournefort et d'apprendre de lui les sciences naturelles à l'ombre de grands beaux arbres rarissimes.

Un jour, l'étudiant en médecine, parmi des visiteurs en promenade dans les allées du jardin, reconnut le marquis de Denonville. Il savait que l'ancien gouverneur général du Canada, devenu précepteur des petits-fils du roi, habitait au château de Versailles. Le marquis daigna s'approcher de Michel Sarrazin. Il le salua avec courtoisie et affirma se réjouir de ce que son ancien subalterne apprît la médecine dans la classe de savants aussi réputés que

MM. Fagon et Tournefort. L'étudiant en médecine n'osait prononcer le prénom qui lui brûlait les lèvres. De lui-même le marquis se mit à parler de sa fille Bénigne. Novice chez les carmélites de Chartres, elle allait prendre le voile pour la vie sous le nom de sœur Thérèse de Jésus.

Une autre nouvelle allait bientôt arracher d'affreuses larmes à Sarrazin. Une lettre de son ami Jean-Baptiste Franquelin lui apprit que sa femme et leurs enfants, en route pour le rejoindre en France, avaient tous péri dans le naufrage du navire *Le Corrosol*, drossé sur des récifs dans l'estuaire du Saint-Laurent. Le cartographe se retrouvait sans famille. Sarrazin ne l'avait-il pas entendu dire souvent que l'École d'hydrographie de Québec ne recevait pas assez de subsides pour former des pilotes et des faiseurs de cartes marines compétents dont le besoin était criant ?

Le bachelier Sarrazin — il avait déjà obtenu ce grade universitaire — eut la chance de rencontrer un luron nommé Jean-Paul Jacquet. Natif de Québec, il était venu à Paris se perfectionner dans l'art de l'orfèvrerie. Il expliquait que c'était au Canada un métier capable de bien nourrir son homme, à condition toutefois de ne pas espérer s'enrichir en ciselant des bijoux ou en taillant des pierreries. En revanche, les calices, patènes, ostensoirs, croix d'autel, navettes à encens, chandeliers et autres accessoires d'autel, cadeaux traditionnels et dispendieux des riches paroissiens à leur curé ou à leur évêque, étaient fort en demande.

Jean-Paul donnait dans le genre artiste. Il aimait fréquenter les lieux de plaisir parisiens. Parfois, pour une soirée il arrachait son camarade à ses austères études de médecine et de botanique.

Jamais Michel n'avait autant ri que ce soir-là. Jean-Paul l'avait conduit au théâtre des Comédiens-Français de la rue Neuve-des-Fossés-Saint-Germain. La joyeuse troupe jouait *Le malade imaginaire*, une comédie que le grand Molière avait écrite quelque vingt ans plus tôt. C'est à l'issue de la quatrième représentation que l'auteur dramatique était mort dans sa loge un soir où il jouait le rôle du prétendu malade.

Les acteurs avaient joué avec verve les principaux personnages : Argan, ses trois médecins, son apothicaire et sa soubrette délurée.

« Quelle bonne caricature de la médecine d'aujourd'hui, disait Michel Sarrazin alors que les deux compagnons buvaient un pot de vin dans un cabaret après la sortie du théâtre.

— Caricature ? Mais tu sais mieux que moi, mon compère, que nombre de médicastres de

France ressemblent à Thomas Diafoirus et à son père.

— Il est vrai que beaucoup ne jurent que par Hippocrate et en sont restés à son enseignement. C'était certes un grand médecin, mais il est mort il y a plus de mille ans.

— Et ils ne connaissent que trois façons de guérir dont Molière se moque : le lavement intestinal suivi de la saignée et de la purge.

— *Clysterium donare, postea saignare, ensuita purgare*, cita Sarrazin.

— *Bene, bene, bene respondere, dignus est intrare in nostro docto corpore*», reprit Jean-Paul en tapant en cadence son gobelet d'étain sur la table de la taverne.

Michel Sarrazin rappela à son compagnon que, dix ans plus tôt, le Dr Gui Patin, doyen de la faculté de médecine, avait obtenu du parlement de Paris qu'il promulguât un arrêt interdisant d'enseigner la découverte du médecin anglais Harvey. Celui-ci apportait la preuve que le sang, mû par le cœur, circulait dans le corps humain. Gui Patin affirmait que cette thèse était «paradoxale, inutile à la médecine, fausse, impossible, inintelligible et absurde».

«En dépit de nos médecins, nous vivrons jusqu'à notre mort», avait conclu le joyeux orfèvre.

Ce n'était que trop vrai. Michel Sarrazin, lorsqu'il se rendait à l'hôpital pour quelque leçon pratique, entendait les discours des toges violettes aux philiatres de la Sorbonne.

Ils enseignaient que quatre symptômes suffisaient à déterminer la maladie d'un patient: l'aspect de la langue, l'apparence des urines, la qualité du pouls et la présence de fièvre constatée par la paume de la main posée sur le front de la personne. Au pied des lits, interrogés sur ces différents signes, les élèves répondaient en latin par quelques adjectifs. Puis le professeur expliquait que le mal venait d'une des quatre humeurs, la bile ordinaire, la bile noire encore appelée «atrabile», le sang ou le flegme, qui était soudain viciée.

Pour expulser ces mauvaises humeurs, il fallait prescrire un certain nombre de lavements, de saignées et de purgations. À quoi s'ajoutaient quelques médicaments à base de minéraux rares comme l'orpiment et le réalgar, hérités de traditions alchimiques médiévales, ou encore d'étranges composés végétaux. La drogue la plus étonnante, la plus prescrite était la thériaque, supposée guérir de nombreuses maladies. Sous forme de tablettes, elle contenait, outre de l'opium tiré du pavot d'Orient, des dizaines de substances, dont certaines bizarres, telles que la poudre de langue de vipère, de peau de crapaud, la corne de cerf râpée, le lait de femme, le sang de belette ou le miel d'abeilles sauvages. Il y avait aussi, parmi les médicaments étonnants, les bézoards, des concrétions calcaires recueillies dans l'estomac de quelques animaux.

On faisait même avaler aux malades de la poudre de pierres précieuses. Selon leur couleur, elles étaient censées triompher de certains maux : l'émeraude contre l'épilepsie, le saphir pour arrêter les hémorragies, l'améthyste pour ôter les acidités de l'estomac, le jaspe contre la pierre du rein, l'onyx pour guérir les ulcères des yeux. Les riches patients peu enthousiastes à l'idée de voir broyer leurs joyaux se contentaient de les placer en guise d'amulette à l'endroit où ils souffraient.

Beau temps mauvais temps, le Pr Tournefort donnait son cours dans les allées du Jardin du roi. En cas de pluie battante ou de soleil trop cuisant, le maître et ses disciples se plaçaient sous le robinier, un bel arbre nommé ainsi en l'honneur de son introducteur en France, l'herboriste Vespasien Robin, le concepteur du parc scientifique. À moins que le maître ne suggère l'érable de Montpellier, le genévrier élevé ou le micocoulier austral, ou d'autres essences récemment acclimatées et que l'on ne trouvait que dans le Jardin royal[1].

1. On peut encore admirer au Jardin des Plantes la plupart de ces arbres âgés de plus de trois cents ans.

Tournefort cueillait des végétaux, les décrivait, les rattachait à un genre, une espèce, en expliquait l'anatomie, puis énumérait leurs pouvoirs sur la santé des humains.

« La nature, disait-il, est une grande apothicairerie. Remarquez sur les feuilles de cet arbrisseau ces centaines de menues taches transparentes semblables à des petits trous. À cause de cela, il est appelé " millepertuis ". Avec la bourrache, la petite jourbarbe, l'achillée ou mille-feuille, la grande marguerite, la sauge et le lierre terrestre, il fait partie des sept herbes de la Saint-Jean. Une très ancienne tradition nous affirme que si on les cueille au matin du 24 juin, leur vertu guérisseuse est accrue.

« Brisez, poursuivait Tournefort, une tige du millepertuis et voyez la sève qui s'en échappe. De ce suc écarlate, on tire une huile utile pour la guérison des blessures. Quant à cette autre plante à fleurs également rouges, vous avez reconnu la salicaire ; une infusion de ses fleurs séchées a le pouvoir d'arrêter le sang[1]. Avez-vous, messieurs, entendu parler d'un savant de langue allemande nommé Theophrastus Bombastus von Hohenheim, mieux connu sous le nom de Paracelse ? Il professait qu'il existe de mysté-

---

1. L'expérimentation moderne a confirmé la justesse de nombre de ces données longtemps appuyées sur la seule tradition. On sait à présent que le millepertuis et la salicaire contiennent des principes hautement cicatrisants.

rieux accords entre le corps humain et l'univers tout entier. Il affirmait que le Maître de ce monde a marqué toutes ses créatures d'une sorte de signature distincte. Selon sa théorie, le rouge de ces plantes convient à la guérison des affections corporelles placées sous le signe du sang. Tout comme les plantes à suc jaune comme la rhubarbe devraient favoriser la sécrétion de la bile. Les végétaux dont les graines ressemblent à des petits cailloux, toujours selon lui, auraient la faculté de guérir la maladie de la pierre. Les noix, d'après l'enseignement de Paracelse, parce que leur amande curieusement sculptée rappelle de petits hémisphères cérébraux, seraient bonnes contre les maladies du cerveau.

— Faut-il croire cela ? demanda un étudiant.

— Il y a de grandes exagérations dans toutes les théories trop absolues, mais certaines des observations de Paracelse sont conformes aux faits. Ainsi, la spirée dite "ulmaire" autrement appelée "reine des prés", abondante sur les bords de ruisseaux et autres lieux humides, est un bon remède contre les maux engendrés par l'humidité[1].

— Doit-on penser, maître, que la nature parle par des messages qu'il faut savoir lire ?»

---

1. En fait, la spirée est riche en acide acétylsalicylique, base d'un médicament bien connu. Afin de montrer qu'il n'est pas tiré de la spirée, le chimiste allemand Bayer qui, en 1894, a réussi la synthèse de l'acide, a donné au produit le nom d'*aspirine* (le préfixe «a» étant privatif).

Michel Sarrazin avait posé la question, Tournefort répondit :

« Il est bon de savoir lire les plantes, tout d'abord pour les bien classifier. Mais voyez le colchique, cette fleur mauve que, de loin, on pourrait prendre pour un crocus, encore qu'elle ne s'épanouisse qu'en automne, regardez son bulbe. Ne dirait-on pas un orteil déformé par la goutte ? Eh bien, on tire du colchique une substance souveraine contre la maladie douloureuse qui déforme le gros doigt du pied[1]. Ne me demandez pas pourquoi.

— Peut-on dire que la nature est la meilleure amie que l'homme ait jamais eue ?

— Elle l'est souvent pour l'ignorant. La nature, sous des apparences aimables, est souvent très dangereuse. Vous savez que l'autre nom du charmant bouton d'or familier de nos prairies est "renoncule âcre", à cause de son suc caustique, voire vénéneux. En porter la tige à la bouche enflamme les lèvres et peut causer des plaies ulcéreuses. Et que dire de la ciguë, que l'on peut facilement confondre avec le persil, sinon qu'elle contient un poison infaillible, permettant de demeurer conscient jusqu'à l'instant de la mort ? Il a donné l'occasion à Socrate de mourir tout en philosophant avec ses amis.

---

1. On sait depuis le XIXe siècle que le bulbe du colchique contient un alcaloïde reconnu comme anti-inflammatoire spécifique de la goutte aiguë.

«Vous trouverez dans ce jardin des plantes encore plus délétères, quoique très belles. Admirez, messieurs, cet arbrisseau si joliment fleuri ; c'est le datura, encore appelé "stramoine". Une pincée en infusion de ses gracieux pétales ou une de ses feuilles séchée et fumée dans une pipe comme du tabac provoque des délires fantastiques, puis le sommeil de la mort. Autre herbe maudite, recherchée par les sorcières, la belladone[1] ou en italien *bella donna* ; cela veut dire "jolie femme". Mais cette ravissante dame est perfide. Elle nous fait ouvrir de grands yeux, mais provoque des hallucinations, prélude rapide et fascinant à un impitoyable trépas[2].

« Pour terminer le trio des végétaux très toxiques, je vous présente, arborant ses magnifiques fleurs jaunes veinées de pourpre et ses feuilles curieusement découpées, la jusquiame. Le principe qu'elle contient provoque un grand calme, fait naître des rêves étranges, souvent hallucinatoires, donne l'illusion de voler tout léger dans un ciel infini. Et l'on retombe lentement, mais mort. »

Après les leçons du Dr Tournefort, le cours préféré de Sarrazin était celui de Pierre Dionis, parfait

1. À présent, on tire des baies noires de la belladone un alcaloïde, l'atropine, utilisé en médecine, notamment pour dilater la pupille, au cours des examens de l'œil.
2. Les propriétés calmantes du datura et de la jusquiame, à doses mesurées, ainsi que leur pouvoir antispasmodique ont été scientifiquement reconnus et sont utilisés dans des cas de maladies mentales et d'affections du système nerveux.

anatomiste et célèbre maître du bistouri. Le roi lui avait confié une nouvelle chaire, consacrée à l'art chirurgical. Il donnait ses leçons d'opération dans l'amphithéâtre du Jardin royal. Devant un large auditoire d'étudiants et de curieux, il traitait des plaies, réduisait des hernies, incisait, amputait, ligaturait, cautérisait, autopsiait.

Bientôt Michel Sarrazin se sentit prêt à présenter sa thèse de docteur en médecine. Peu pressé d'affronter les médicastres de la Sorbonne, il se rendit, sous la recommandation du Dr Fagon, à Reims pour y faire sa dernière année d'études. Il se plut dans la ville royale, celle du sacre des souverains de la France. Dans la campagne, des vignes comme dans sa Bourgogne natale et des abbayes enfouies dans le fond des bois.

Un jour, Sarrazin alla visiter celle de Hautvilliers où l'on fabriquait un excellent vin blanc surnommé «saute-bouchon» tellement il pétillait dans les bouteilles. Le presque docteur eut plaisir à s'entretenir avec le frère cellérier. Ce moine bénédictin lui expliqua qu'il avait eu l'idée de pratiquer une double fermentation, une en cuve, la seconde en bouteille. Pour cela, il avait fait fabriquer des récipients de verre aux parois épaisses et utilisait des bouchons de liège spécialement taillés, maintenus par un muselet métallique.

«Y a-t-il un autre secret? demanda Sarrazin.

— Oui, je mélange des jus provenant de différents vignobles de la région. Nulle part ailleurs vous ne trouverez un vin semblable. Cela tient au sol, au climat de notre Champagne.»

Le cellérier que l'on appelait Dom Pérignon ouvrit quelques bouteilles pour prouver son dire.

«Vous venez de faire là, mon père, une belle invention dont on parlera», dit Sarrazin, pensif.

Il songeait au mystère de la fermentation. Il devait se trouver dans le jus de raisin une force active capable de le transformer en boisson alcoolisée. Cet invisible et bienfaisant principe ne serait-il pas de même nature que les pernicieux et inconnus principes générateurs de maladies épidémiques et agents de leur propagation ?

Pour sûr et à l'inverse de ce qu'enseignaient quelques maîtres de la Sorbonne, la peste ou autres fléaux épidémiques étaient causés non pas par des humeurs contrariées à l'intérieur du corps humain, mais plutôt par des agents extérieurs. Un jour, un observateur sagace les découvrirait et ce ne serait certes pas avec de la thériaque que l'on guérirait les personnes atteintes.

Au bord de la pièce d'eau du Jardin du roi, entouré de ses professeurs et de quelques condisciples,

Michel Sarrazin fêtait son succès. Il était désormais docteur de médecine et chirurgien de longue robe, *licentiati medici in scholis medicorum*, comme le disait son diplôme.

L'éminent Gui Fagon se trouvait là. Chacun l'écoutait discourir. Il parlait d'un document qu'il avait la tâche de tenir bien à jour, appelé *Journal de la Santé du Roi* et dans lequel étaient consignées toutes les observations sur son royal patient.

«Est-ce vrai, demanda Tournefort, que Louis le Grand, homme de bonne mine et d'apparence avantageuse, serait miné par diverses maladies?

— Je ne saurais, messieurs, retenu par le secret médical, entrer dans le détail. Disons que Sa Majesté, comme tous les mortels ordinaires, est sujet parfois à des accidents de santé.

— Je serais curieux de les connaître, fit Michel Sarrazin.

— La curiosité, ardent désir de connaître les secrets d'autrui, est classée parmi les vilains défauts. Encore qu'elle soit permise aux savants, parce que sans elle ils n'éprouveraient pas le besoin de se lancer à la découverte de connaissances nouvelles, je me bornerai à ajouter...»

Tous espéraient que le premier médecin du roi divulgue d'étonnantes informations, mais celui-ci préféra terminer sa phrase en déclarant qu'il ne révélerait rien qui pût nuire au prestige de la personne royale. Et pour s'écarter au plus vite du sujet, il lança à Michel Sarrazin : « Mon jeune ami, quelqu'un à la cour m'a dit grand bien de vous. Il s'agit du marquis de Denonville.

— J'ai eu l'honneur de faire une expédition militaire sous ses ordres du temps que, au Canada, j'étais chirurgien-major de l'armée.

— C'est un homme que le roi écoute volontiers. Je crois savoir qu'il tient à ce que l'on vous renvoie à Québec où la colonie a besoin d'un médecin. »

Toute l'assemblée applaudit à ces propos. Sarrazin rougissait de fierté. Joseph Pitton de Tournefort ajouta :

« Allez-y. Là-bas, revêtu de la robe doctorale à épitoge rouge, vous ferez honneur à notre profession et nous confectionnerez un bel herbier rempli de vos découvertes. Nous le recevrons en même temps que vos mémoires sur l'anatomie des animaux caractéristiques de ces contrées et sur les particularités des minéraux de l'Amérique septentrionale. »

Michel Sarrazin sentait son visage s'empourprer davantage et prendre la couleur des fleurs de salicaire. Il venait d'entendre une réponse à ses questionnements. Souvent, depuis qu'il était devenu docteur en médecine, il s'était interrogé sur son avenir. Allait-il exercer en France ? Retourner en Canada ? À Versailles, on semblait avoir choisi pour lui. Le

Dr Fagon ajoutait que le trésor baillerait de bons appointements au médecin du roi nommé à Québec, gardien unique de la santé publique.

L'imagination fertile de Michel Sarrazin lui fit voir en une seconde son proche devenir. Il mettrait dans son coffre de voyage quelques livres, son carnet relié de basane verte, son herbier, son microscope et ses quelques effets. Il monterait à bord du premier navire en partance pour la vallée du Saint-Laurent, retrouverait Québec. Il s'imaginait déjà gravissant d'un pas allègre la côte de schiste entre la ville basse et la terrasse du gouverneur. Sur son chemin, il rencontrait tous les gens qui l'avaient naguère pris pour un petit chirurgien-barbier et dédaigné.

À présent, tous tiraient leur chapeau et disaient en s'inclinant: «Bonjour, monsieur le docteur Sarrazin.»

«Et, pensait-il, s'ils me demandent dans quelle université j'ai appris la médecine, je leur répondrai: "Non pas sur les bancs d'une école, mais dans les allées d'un très beau jardin."»

Le naturaliste Joseph Pitton de Tournefort (1656-1708) avec qui
Michel Sarrazin étudia la botanique au Jardin royal des Plantes.

5

Automne 1698 : La robe doctorale

Actionné par une main impatiente, le marteau de cuivre fixé à la porte du Dr Sarrazin réveilla les échos de sa maison et aussi, pensa-t-il, de toutes celles de la ville basse de Québec. Tiré de son sommeil, il s'accorda encore quelques secondes pour savourer les délices matinales. Sa pensée s'attarda sur la lettre qu'il aurait à écrire dans la journée. Il fallait remercier son ancien maître Pitton de Tournefort d'un envoi d'ouvrages de botanique.

Michel Sarrazin se revit alors dix-huit mois plus tôt lui faisant ses adieux. Il se ressouvint du navire *La Gironde* sur lequel il avait fait la traversée de l'Atlantique et de sa surprise à la vue, sur le pont, d'une robe violette bien connue. Celle de Mgr Jean-Baptiste de La Croix de Chevrières de Saint-Vallier. Une fois de plus, il allait faire la traversée avec cet encombrant personnage. En un éclair, il évoqua la longue escale à Saint-Jean-de-Terre-Neuve où flottait encore le drapeau du roi de France [1]. Dans l'île, il s'était lancé avec fougue à la recherche de fleurs, d'insectes, de cailloux de l'Amérique retrouvée. Ensuite, à peine quitté le port, il y eut de durs moments. Des signes de fièvre pourprée [2] apparaissaient sur le visage des marins et de quelques passagers, dont le nouvel évêque. Sarrazin lui-même se sentait atteint. À demi guéri, il s'était installé à Québec où sa profession de médecin commença à tant l'absorber qu'il dut refréner pour un temps sa passion de naturaliste.

Les coups au heurtoir reprirent. Il se leva, ouvrit la fenêtre de la chambre.

« Que me veut-on ?

— Venez vite au château Saint-Louis. M. le comte de Frontenac se meurt. »

Très vite Michel Sarrazin revêtit un justaucorps, une veste boutonnée haut, une culotte serrée aux

---

1. Le traité de Ryswick annulant les récentes conquêtes de la France et de l'Angleterre n'était pas encore en vigueur ; l'île de Terre-Neuve demeurerait pour un temps encore possession française.
2. Sans doute la scarlatine que l'on prenait alors pour une variété de la variole.

genoux par des rubans, le tout en drap solide et noir tout comme ses bas de laine. Seule coquetterie, un col très blanc et un jabot garni de dentelles. La robe noire à épitoge cramoisie restait dans la malle pour d'éventuelles grandes occasions.

Il se coiffa d'un simple feutre et monta vers la demeure du gouverneur général de la Nouvelle-France et lieutenant général du roi.

Le mois précédent, le Dr Sarrazin, déjà appelé au chevet de l'auguste et coléreux chef de la colonie souffrant de gêne respiratoire, avait prescrit des fumigations de plantes calmantes et surtout l'avait engagé à se modérer. Mais le comte ne voulait rien entendre, continuait à se dépenser comme s'il avait encore vingt ans, dansait aux bals qu'il organisait au château, courait à cheval dans les campagnes environnantes.

À présent, emmitouflé dans une vaste robe de chambre à ramages sur laquelle se déployait l'écharpe de soie bleue ornementée de son insigne de dignitaire de l'Ordre du Saint-Esprit, il était affalé dans un grand fauteuil. Le visage affreusement congestionné, il haletait, ne reconnaissait plus personne. Penché sur le mourant, son pire adversaire, l'évêque Saint-Vallier tentait de lui faire réciter l'acte de contrition.

On ne pouvait plus faire autre chose pour cet homme de soixante-seize ans. Avec lui disparaissait un fier héros de la Nouvelle-France, célèbre pour sa bravoure spectaculaire. Personne n'avait oublié comment, durant le siège de Québec, il avait tenu tête à l'amiral Phips. Mais c'était aussi un être vaniteux, brouillon, despotique, peu habité par l'esprit de justice, plus occupé à s'enrichir qu'à bien gouverner la colonie.

En guise de dernier salut à Frontenac, le canon de la citadelle avait tonné toutes les demi-heures pendant trois jours tandis que sans trêve tintait le glas. Le gouverneur de Montréal, le chevalier Louis-Hector de Callières, remplissait désormais les fonctions du défunt. Le château retrouva vite sa vie mondaine, les réceptions, les bals et les pièces de théâtre, les longues parties de billard, de piquet et de trictrac.

Il fallait bien que les hauts personnages nommés dans cette ville française du bout du monde oubliassent sa vie monotone et les froidures de ses interminables hivers. Passé novembre, le port, jusqu'à la fin de mai, ne recevait aucun navire. Plus personne ne venait de la mère patrie pour en annoncer les nouvelles. On s'en tenait aux dernières informations connues et plutôt rassurantes. Le royaume de Louis le Quatorzième était enfin en paix avec ses voisins, et la France, le plus riche et le plus peuplé des pays d'Europe, se relevait des misères de la guerre.

Au Canada, le sempiternel conflit avec les nations indiennes se modérait. Les trêves devenaient plus nombreuses quoique les deux camps restassent sur leurs gardes. Cependant, de perfides ennemis restaient à l'affût : les effrayantes maladies infectieuses.

Michel Sarrazin, seul médecin de la ville et de toute la Nouvelle-France, n'avait guère le loisir de souffler. Les derniers bateaux avaient, comme de coutume, débarqué des malades contagieux. La mort était partout présente. Le praticien passait d'une maison bourgeoise à celle de miséreux où l'on ne trouvait pas même un drap pour faire un suaire digne de ce nom.

Il était allé trouver l'évêque pour lui demander que les sacristains des églises et des chapelles s'abstinssent de sonner le glas. Le monotone et funèbre tinton destiné à annoncer l'agonie ou le trépas des fidèles affolait la population. Le plus difficile était d'expliquer aux gens quelles précautions prendre afin d'éviter l'extension de la maladie. Beaucoup s'en tenaient à la récitation de formules magiques ou espéraient l'intercession des saints représentés sur leurs images bénites.

Le Dr Sarrazin se rendait tous les jours à l'Hôtel-Dieu. Les hospitalières venaient de l'agrandir. Elles s'occupaient désormais de cinquante lits supplémentaires répartis en deux salles, l'une pour les femmes, l'autre pour les hommes, à quoi s'ajoutaient des chambres particulières destinées à des personnes aisées et à des officiers de la garnison. De plus, les religieuses dirigeaient l'hôpital général, refuge des « bons pauvres » et des « filles repenties », le nom

donné à celles qui étaient contraintes au dur purga-
toire de l'hospice, seule échappatoire à l'enfer de la
prostitution.

Ainsi, dans toute la ville basse de Québec, du
Sault-au-Matelot à la fontaine Champlain, et dans la
ville haute, du coteau Sainte-Geneviève au chemin
de Sillery que l'on commençait à appeler Grande-
Allée, voyait-on se dépêcher le petit homme vêtu de
noir et portant sous son bras sa trousse, noire aussi.

La capitale s'agrandissait, ses défenses se renfor-
çaient. Le Cap-aux-Diamants était surmonté d'une
solide redoute [1]. On terminait, pour remplacer la
vieille palissade de bois, une enceinte de pierre de
taille dans laquelle étaient aménagées deux entrées
monumentales, la porte Saint-Jean et la porte Saint-
Louis. Autre important élément défensif, derrière le
jardin du gouverneur, près de la butte où tournait un
moulin à vent, se dressait désormais un solide cavalier [2]. C'était le nom donné à un ouvrage bâti très
haut à l'intérieur d'un lieu fortifié afin de pouvoir
canonner l'ennemi par-dessus les remparts.

Tout cela avait été fait selon les plans envoyés
par M. Sébastien de Vauban, réputé ingénieur mili-

1. On en retrouve des vestiges intégrés à la citadelle bâtie plus tard sous
le régime anglais.
2. Le cavalier du moulin est encore visible à l'extrémité de la rue du
Corps-de-Garde donnant sur la rue Saint-Louis. Le petit parc situé à l'extrémité de la rue du Carmel se trouve au sommet de cette fortification.

taire au service du roi, et grâce aux données carto-
graphiques de l'ami Franquelin.

Près de la rivière Saint-Charles, l'ancienne brasserie de Jean Talon transformée en une grande résidence biscornue logeait l'intendant et ses services [1].
Une maison que Michel Sarrazin connaissait
bien. Son hôte, l'intendant Jean Bochart-Champigny,
ami du marquis de Denonville, avait demandé que
Sarrazin revînt à Québec. Il appréciait le médecin,
lui faisait part de ses soucis concernant les habitants
de la ville.

« Encore cette semaine, disait-il, un grand
nombre de décès ont été recensés alors que nous
sortons des grands froids tueurs des pauvres gens.
S'agirait-il encore de contagions ?

— Je vous l'ai déjà dit, monseigneur, le mal
nous vient des navires. Cette année, en plus de la
petite vérole et de la fièvre jaune, ils nous apportent
le catarrhe épidémique [2].

— Une autre maladie grave ?

— Disons un très mauvais rhume, compliqué
de maux de tête. Il laisse le malade affaibli et provoque souvent la mort chez les personnes faibles ou
âgées.

---

1. Il ne reste que les voûtes de l'ancienne brasserie sous lesquelles on y
trouve aujourd'hui un lieu d'interprétation de l'histoire locale. Le palais
disparu a laissé son nom au quartier et à la gare.
2. Plus tard appelé « influenza » ou « grippe ».

— Peut-on faire quelque chose pour empêcher tout cela ?

— Au moins appliquer les mesures que, une fois de plus, j'ai recommandées dans mon dernier mémoire. Il faudrait qu'avant de venir s'ancrer ici tous les vaisseaux fassent une escale obligatoire dans un lieu où ils seraient désinfectés au moyen de vapeurs de soufre. Leurs équipages et passagers devraient être retenus le temps de s'assurer qu'ils ne portent pas de marques de maladie.

— Vos suggestions, mon cher Sarrazin, ont été transmises à Paris, mais je n'ai encore reçu aucun ordre me permettant d'obliger les capitaines des navires à se plier à vos excellentes mesures.

— Alors, faute de quarantaine, nous continuerons à souffrir de maladies incurables. Selon notre évêque, le seul remède contre ces fléaux, à ses yeux juste punition du Ciel irrité par l'impiété du peuple, consiste en des processions, des neuvaines, l'exposition des reliques et des pénitences variées. C'est pourquoi il vient d'interdire les festivités du carnaval.

— Selon vous, quelle est la cause de ces maladies ?

— Certains parlent de corpuscules subtils nés dans les eaux corrompues et répandus dans l'air que nous respirons.

— Et d'où viendraient ces étranges corpuscules ?

— Selon la plus récente théorie d'un savant italien, ils naîtraient de façon naturelle. Il prétend qu'existe au sein de la matière organique une force vitale capable par elle-même d'engendrer des miasmes responsables de maladies inconnues. C'est ce qu'il appelle la "génération spontanée".

— Croyez-vous cela, monsieur Sarrazin?

— Mon bon maître, messire Joseph Tournefort, m'a appris à ne jamais rien croire qu'on ne puisse observer.»

À Québec, le Dr Sarrazin avait retrouvé Jean-Paul Jacquet qui lui avait loué une chambre de sa maison de la rue Saint-Pierre. L'humeur joyeuse de l'orfèvre le consolait de l'absence des amis en allés : Jean-Baptiste Franquelin était toujours en France où Baillif le constructeur s'était aussi rendu pour un long séjour ; Louis Jolliet, retiré dans sa lointaine seigneurie de Mingan, n'en sortait guère.

Jacquet employait à son atelier un fort gaillard nommé Charles. Son accent donnait à croire qu'il était originaire du Poitou ; toutefois ses lèvres très ourlées, ses pommettes saillantes au teint cuivré, sa tignasse raide et très brune disaient bien que c'était un pur Huron. Il était né à l'île d'Orléans où ses grands-parents étaient arrivés de Huronie en l'an 1651 avec un petit groupe de survivants des massacres iroquois. Le père Chaumonot, missionnaire jésuite, avait d'abord installé le groupe dans l'île, puis au nouveau village de Lorette. Charles, baptisé à sa naissance, était allé à la petite école des jésuites.

Michel Sarrazin le trouva un soir toussant, se mouchant, pris de frissons, bref tous les symptômes du catarrhe. Le Huron refusa tout médicament. Le soir, le médecin le vit allumer un feu de bûches dans le jardin, puis se faire une hutte avec des couvertures. Il porta à l'intérieur un seau d'eau et, à l'aide de pinces de bois, des pierres rougies sur le feu. Le docteur avait compris que le Huron préparait une étuve dans laquelle il prendrait un long bain de vapeur.

Le lendemain, guéri, Charles assura que rien ne valait les vieilles recettes indiennes.

«J'ai sué, dit-il, comme il n'est pas possible. Je n'avais pas oublié de boire un grand pot de tisane de verge d'or et d'angélique. Ça favorise là transpiration.

— D'où tenez-vous ces recettes?

— D'un de mes oncles. Dans notre tribu, en utilisant des plantes, il peut guérir la plupart des maladies, comme le rhume, le mal de terre appelé aussi "scorbut", les inflammations causées par les blessures ou les brûlures, les maux de poitrine et de ventre.

— Pas toutes les maladies?

— Non, certaines, expliqua l'Indien, ne sont pas d'origine naturelle. Elles sont causées par des sorts que jettent des esprits malfaisants. C'est pourquoi nous avons des sorciers capables de conjurer de tels maléfices.»

Michel Sarrazin notait tout cela dans son carnet vert. Il avait retenu qu'une bonne suée semblait avoir plus d'effet qu'une saignée et se promit d'étudier de plus près les bienfaits et les curiosités de la médecine indienne.

En attendant, les effluves printaniers lui inspiraient plutôt une promenade dans la nature. Il s'était fait confectionner par un bourrelier une sorte de gibecière munie de compartiments dans lesquels il plaçait sa loupe, son microscope, des pinces d'acier, quelques flacons destinés à contenir des insectes, des feuillets d'épais buvard entre lesquels il aplatissait les végétaux recueillis, son précieux carnet de notes. En somme, l'attirail du parfait naturaliste.

Il se rendit à l'île d'Orléans. Charles l'accompagnait. C'était un fin chasseur. Jamais il n'utilisait d'arme à feu. Leur léger canot d'écorce dépassa le point de la côte où, de deux cent soixante-quinze pieds de haut, tombaient, abondantes en cette saison, les eaux de la rivière Montmorency, ajoutant à l'escarpement une ondoyante chevelure blanche. Les deux hommes laissèrent l'embarcation sur les battures de l'île.

«Les gens de ma tribu, disait Charles, l'appellent "Minigo". Ils prétendent que l'île est ensorcelée et que dans une de ses grottes se cache Windigo, une créature monstrueuse et redoutable.»

∞

Ils s'installèrent à l'embouchure d'un ruisseau où des castors construisaient un barrage. Près d'eux, des rats musqués grignotaient des plantes aquatiques. *Nymphaea alba major*, *Nymphaea lutea* et *Calamus aromaticus*, nota Sarrazin dans son carnet. Il préparait un mémoire sur les rats musqués pour le Jardin des Plantes de Paris.

Les castors lui rappelèrent un propos du savant Pitton de Tournefort: «Le cours d'eau qui passe à nos pieds et se jette dans la Seine, disait-il, porte le nom de Bièvre, une déformation du mot gallo-romain *beber* qui était le nom du castor. Oui messieurs, depuis des milliers d'années, des colonies de castors ont prospéré ici comme près d'autres rivières de la France.»

De son côté, le Huron sortit de son sac des rets faits d'herbes fines entrelacées avec soin. Il déroula ces filets à l'embouchure d'un ruisseau, alla ensuite poser des lacets dans le sous-bois et, dans les clairières, disposa des graines autour de branchettes fichées en terre et enduites de glu. Cette colle très forte, expliquait-il, il la fabriquait avec l'écorce intérieure de bouleau bouillie dans de la résine de pin.

Dans un fond marécageux, l'attention du botaniste fut attirée par une talle de plantes étranges. Il déterra le spécimen le mieux formé et l'examina à travers sa loupe. Portant une délicate fleur pourpre au-dehors et verte au-dedans, sa tige sortait d'une épaisse souche souterraine. À sa base s'épanouissaient des feuilles aux nervures et aux bords teintés de rouge. Les grandes feuilles, enroulées sur elles-mêmes, formaient de profonds cornets évasés, couverts à l'intérieur de petits poils. Au fond de ces récipients naturels brillait un liquide clair sur lequel flottaient de menus insectes morts. Sarrazin se souvint du *Drosera* jadis montré par le père Félix.

«Certainement une autre plante carnivore que je crois inconnue des botanistes d'Europe», se dit-il.

Charles, l'observant, déclara qu'elle avait un nom en Nouvelle-France.

«Les gens la nomment "oreille de cochon" ou encore "petit cochon" à cause de la forme de ses feuilles.

— Et les Indiens la connaissent-ils?

— Certainement, j'ai vu mon oncle tirer de son suc une substance pouvant guérir ce que les Français appellent la petite vérole.»

La journée était bonne. Charles annonça qu'il avait pris des bruants, des perdrix, des tourtes et quelques truites. Il montra ses prises enfilées sur de minces tiges de jonc.

«Tout cela est très bien, Charles, mais permettez au naturaliste que je suis de préciser que vos bruants sont des plectrophanes nivéaux; vos perdrix sont des gélinottes; vos tourtes, des pigeons migrateurs; et vos truites, des ombles de fontaine. Mais qu'importe leur nom, cela nous fera un excellent souper.»

Dès qu'ils eurent quitté l'île, le Huron sembla moins soucieux. Peut-être avait-il craint les dangereux sortilèges de Windigo.

L'oiseau goglu lançait ses dernières notes dans le ciel embrasé par le soleil couchant. Il jetait des taches d'or sur les voilures de majestueux navires voguant sur le Saint-Laurent.

Le printemps était là pour sûr.

Le capitaine d'un des vaisseaux vint en personne remettre au Dr Sarrazin quelques lettres, dont l'une était frappée d'un imposant sceau de cire rouge. Elle commençait ainsi:

Aujourd'hui, vingt-troisième du mois d'avril 1700, le Roi étant à Versailles, voulant commettre une personne expérimentée dans la médecine pour visiter les malades des hôpitaux de la Nouvelle-France, et leur ordon-

*ner des remèdes convenables, et sachant
que le Sr Sarrazin a l'expérience nécessaire
pour s'en acquitter, Sa Majesté l'a retenu et
ordonné médecin des dits hôpitaux [...]*

Par ce brevet, Michel Sarrazin devenait officiellement médecin du roi pour toute la Nouvelle-
France, un poste vacant depuis longtemps. Jusqu'à
ce jour, la colonie n'en avait compté qu'un seul, Jean
de Bonamour, arrivé à Québec en 1669 et reparti
trois ans plus tard.

Aujourd'hui, le pays comptait quinze mille
sujets. Sarrazin avait la responsabilité de leur survie.
Il devait conseiller le gouverneur sur les mesures à
prendre en cas d'épidémies, inspecter les hôpitaux,
celui de Montréal, celui de Québec et le petit Hôtel-
Dieu récemment ouvert par les Ursulines à Trois-
Rivières. Il lui fallait surveiller le travail des sages-
femmes et celui des apothicaires, préparateurs et
vendeurs de médicaments. On les voyait souvent
dans les rues, leur grosse seringue d'étain sous le
bras, s'en allant donner des lavements à domicile.

Sarrazin portait désormais le titre de *Medicus
regius*. Il devenait ainsi, avec l'évêque, le seul
homme à pouvoir franchir la clôture des couvents de
femmes. L'autorité ecclésiastique le chargeait d'ex-
pertises dans les cas de guérisons déclarées miracu-
leuses. L'administration judiciaire lui demandait de

pratiquer des autopsies dans les cas de morts suspectes. Pour tout cela, on lui accordait des appointements de six cents livres par an.

La délivrance de certificats de capacité aux nouveaux chirurgiens-barbiers ne relevait pas de lui. Certains s'étaient improvisés médicastres sans jamais avoir suivi de cours ni fait de stages. Quelques-uns d'entre eux, appelés «rebouteux» ou «ramancheux», savaient au moins réduire les fractures des os et les foulures. Parmi les «soigneux» et autres «bienfaiteurs», on comptait beaucoup d'empiriques. Ils prétendaient avoir reçu un don du Ciel et abusaient le plus souvent de la crédulité des habitants. La responsabilité de signer les certificats de compétence revenait au chirurgien du roi en Nouvelle-France. En son absence, il arrivait au Dr Sarrazin d'avoir à évaluer les connaissances des candidats en petite médecine. Il l'avait fait notamment pour un franciscain, le frère Pacifique Duplessis.

Il y avait toujours eu dans les ordres religieux des personnes douées pour soigner les malades, au premier rang desquelles on trouvait les hospitalières formées pour devenir soignantes et pharmaciennes. Du côté des hommes, on comptait le père Gabriel Souart, jésuite instituteur et premier curé de Ville-Marie. Il avait reçu la permission d'exercer au besoin la médecine, art qu'il avait étudié avant de devenir prêtre. On citait aussi le cas du missionnaire Florent

Bonnemer. Ses réels talents d'apothicaire en avaient fait un bon guérisseur. Son ordre, toutefois, lui avait interdit d'ausculter et d'opérer la clientèle de sexe féminin.

Une autre missive reçue par Sarrazin lui fit verser des larmes amères. Elle annonçait la mort de son ami Claude Baillif au cours d'un naufrage lors de son retour en Canada. Un tel désastre avait déjà anéanti la famille de Jean-Baptiste Franquelin. L'ami Baillif lui aussi avait péri à cause d'un vaisseau désemparé, mal conduit, abîmé sur des rochers. Tout cela par manque de bonnes cartes marines, de pilotes et de capitaines de vaisseaux bien renseignés sur les traîtrises du fleuve, ses hauts-fonds, ses courants, les effets sournois des coups de vent et des marées.

Déjà, un autre compagnon des joyeuses soirées d'autrefois, Louis Jolliet, était décédé dans des circonstances mystérieuses. Certains disaient qu'il était mort en son manoir des îles Mingan. D'autres affirmaient qu'il avait perdu la vie durant une expédition secrète commandée par les autorités de Paris. Il aurait été chargé de faire rapport sur les défenses anglaises dans l'île de Terre-Neuve, rendue deux ans plus tôt au roi de Londres.

Comme pour consoler Sarrazin, il y avait la lettre très amicale de Joseph Pitton de Tournefort. Son maître lui annonçait qu'il s'apprêtait à quitter la France, le roi Louis XIV l'ayant chargé d'une mission scientifique en Asie mineure. Il devait rapporter de ces contrées des plantes nouvelles et des observations sur l'histoire naturelle et la vie des divers peuples rencontrés.

Tournefort recommandait à Michel Sarrazin de continuer à envoyer des échantillons au Jardin du roi. Un vaisseau s'apprêtait justement à partir pour La Rochelle, emportant des pages d'herbier dont l'étrange végétal carnivore trouvé à l'île d'Orléans. L'envoi était accompagné d'une longue notice. Elle commençait ainsi : « Cette plante est d'un port fort extraordinaire, sa racine est épaisse d'un demi-pouce, garnie de fibres et d'un collet, etc. »

La révérende Marie Barbier de l'Assomption, native de Montréal, avait été longtemps supérieure des Sœurs de la Congrégation, communauté fondée par Marguerite Bourgeoys pour l'éducation des jeunes filles. Elle était bien connue à Québec où elle était venue créer l'ouvroir de la Providence et à l'île d'Orléans où elle avait fondé une mission.

Elle vint à l'Hôtel-Dieu de Québec consulter le Dr Sarrazin pour ce qu'elle croyait être un furoncle rebelle sur un de ses seins. Le médecin reconnut aussitôt une tumeur cancéreuse. Elle mettait en danger la vie de la religieuse.

Interrogée, cette dernière avoua que, pendant des années, par mortification, elle avait porté sur sa poitrine une ceinture serrée par une boucle dont l'ardillon piquait sa chair. C'était la cause du mal mortel.

«Je peux, si vous le voulez, ma sœur, tenter l'ablation de la tumeur. C'est une opération risquée.

— Ma vie est entre les mains du Seigneur. Il a voulu que je vienne vous voir. Opérez-moi. Peut-être va-t-Il choisir que je survive.»

À l'époque, on ne connaissait aucun moyen d'éviter la douleur au cours d'une intervention chirurgicale. Au moins pouvait-on l'atténuer. Le Dr Sarrazin fit boire à sa patiente une pinte de vin d'Espagne mêlé de laudanum, une préparation à base d'opium, d'essences de cannelle, de safran et de girofle. L'opération, la première jamais effectuée dans le Nouveau Monde, réussit pleinement. Elle rendit son auteur célèbre, bien plus que tout ce qu'il avait fait au cours des épidémies successives.

Le praticien avait pris soin de noter son processus opératoire: «On marque, avait-il écrit, avec de l'encre, toute la circonférence qui est l'endroit où l'on doit faire l'incision, puis l'on passe une aiguille courbe à travers le corps de la tumeur; elle est enfilée d'un cordonnet, dont on lie les deux bouts, et dont on fait une anse qui sert à maintenir la tumeur, tout en l'éloignant des côtes. Puis, avec un rasoir ou un grand couteau que je trouve plus commode que le rasoir qui peut ployer dans l'opération, l'on coupe à l'endroit marqué et l'on enlève tout le corps de la mamelle en peu de temps.»

Le chirurgien avait noté aussi que, tout le temps qu'avait duré l'ablation, la patiente en prière avait offert sa douleur en expiation de ses péchés[1].

Le gouverneur Louis-Hector de Callières, vieux militaire, avait servi avec zèle son roi au Canada et était demeuré célibataire tout comme Michel Sarrazin qu'il invitait souvent en tête-à-tête à sa table. Il ne manquait jamais non plus de le convier aux réceptions qu'il donnait au château Saint-Louis. L'édifice, à la fois manoir et forteresse perchée, avait été enjolivé. On l'avait rehaussé d'un étage, couvert d'amples toits d'ardoise, et sa façade arrière avait été parée de pavillons formant avant-corps. Une longue terrasse offrait sur le fleuve un admirable point de vue.

«Un vrai château de Versailles», disait, ravi, le vieux gouverneur.

Le Dr Sarrazin arrivait le plus souvent en retard à ces soirées mondaines et s'attirait des regards

---

1. Le protocole opératoire de la mammectomie rédigé par le Dr Sarrazin est encore à l'occasion utilisé de nos jours. Cette opération n'a été faite pour la seconde fois, et avec anesthésie, qu'en 1892 par le Dr Halstedt, de Chicago. (Indication fournie par le Dr Louis Dionne, attaché à l'Hôtel-Dieu de Québec et directeur de la Maison Michel Sarrazin.)

désapprobateurs. Il sortait de visites à des malades, parfois il était allé herboriser et, dans ce cas, sa culotte de simple drap noir était marquée aux genoux par de la terre ou dépassaient de ses poches un flacon contenant des insectes vivants et un faisceau de plantes variées.

Mais dès que ce personnage avare de paroles, distrait et volontiers rêveur se mettait à parler, tout le monde écoutait car il avait le don d'expliquer avec précision toute chose, ainsi que le voulait sa spécialité de naturaliste.

Les habitués des salons n'ignoraient pas que c'était un homme d'une grande bonté et fort dévoué. S'il demandait de justes honoraires à ses clients riches, jamais il ne réclamait quoi que ce fût aux pauvres et, par surcroît, leur fournissait des médicaments coûteux qu'ils n'avaient pas à payer. « Si notre bon Dr Sarrazin rentrait en France, disait le gouverneur général, ce serait une grande perte pour la colonie. Mieux vaut l'accepter tel qu'il est. »

De son côté, le Conseil souverain de la colonie, composé de notables, avait adressé une requête au ministre afin que les appointements du seul médecin canadien soient augmentés de deux cents livres par an.

La *Sarracenia purpurea* découverte au Canada par Michel Sarrazin.

6

Automne 1702:
Le baptême de sarracenia

S ix grosses charrettes tirées par des chevaux ou des bœufs attelés à la file peinaient au long de la côte de la Montagne. Elles transportaient les biens du médecin du roi venu s'installer dans sa maison de la rue Saint-Louis, la dix-septième après le fort Saint-Louis.

C'était déjà la campagne. Au bord du chemin boisé s'élevait la belle demeure de pierre, deux étages au-dessus d'une cave, un toit à mansardes percé de trois chiens-assis. À l'arrière, un jardin et des prés précédant une érablière. Sur le côté, une grange, une écurie et une remise. Michel Sarrazin possédait deux chevaux, l'un qu'il montait, le second pour tirer une voiture qu'attelait un valet. L'autre domestique prénommée Perrine était une femme de charge, bonne et patiente cuisinière, capable de servir un en-cas, quelle que fût l'heure à laquelle partait ou rentrait le maître.

Sur son ordre, des ouvriers avaient transformé la maison, installant dans la moitié du rez-de-chaussée des casiers destinés aux herbiers, aux boîtes vitrées à fond de liège dans lequel étaient piqués des insectes et des papillons, aux oiseaux et petits mammifères naturalisés, aux bocaux remplis d'alcool où flottaient des poissons et diverses bestioles, aux collections de minéraux et de coquillages. Il y avait des vitrines, des rayonnages chargés de livres et une grande table servant aux dissections. Sarrazin appelait cet endroit son antre. Les déménageurs avaient transporté des caisses de bouquins ; les ouvrant, ils ne purent cacher leur étonnement.

« Plus de deux cents livres ! s'était exclamé l'un d'eux. Presque autant, ma foi, qu'à la bibliothèque du séminaire. »

Les volumes étaient signés par de grands savants, ceux de l'Antiquité et les modernes dont les travaux venaient de révolutionner le monde scientifique, comme Blaise Pascal, René Descartes, Francis Bacon, Isaac Newton, Jean-Dominique Cassini,

Wilhelm Gottfried Leibniz, Edme Mariotte, René Antoine Ferchault de Réaumur et, bien sûr, Joseph Pitton de Tournefort.

Sarrazin avait reçu de bonnes nouvelles de son maître. Il terminait un voyage au pays des Turcs et de là jusqu'aux monts du Caucase. Il rapportait à Paris plus d'un millier d'espèces végétales inconnues des savants d'Europe, ainsi que des pages de notes et de dessins destinées au supplément qu'il allait éditer de son grand ouvrage de botanique. Il avait amélioré son système de classification des espèces végétales.

Un post-scriptum disait :

Mon cher Michel, sachez aussi que je ramène dans des pots deux très beaux spécimens d'érables de Crète que je planterai au Jardin des Plantes. Nous les comparerons, lorsque vous me viendrez voir, aux érables de Nouvelle-France que vous nous avez fait parvenir. Ils sont arrivés en bon état et déjà plantés et florissant en notre Jardin du roi. Fraternellement vôtre.

J. Pitton de Tournefort

La ville haute, où le médecin s'installait, longtemps réservée aux autorités administratives et religieuses et aux couvents, se garnissait de plus en plus de maisons particulières : celles des hauts

fonctionnaires et des militaires gradés désireux de se
tenir près de la résidence du gouverneur et celles
des grands commerçants autrefois logés au-dessus de
leurs entrepôts dans le quartier du port. Ceux-ci
fuyaient ces rues certes pittoresques, mais désertes à
la mauvaise saison et bruyantes durant les mois de
navigation. Les ateliers d'artisans, le charroi des marchandises, les tavernes à matelots entretenaient un
constant brouhaha.

Ce n'était pas seulement dans Québec et sa
région, entre Neuville et les paroisses de la côte de
Beaupré, que l'on voyait passer, toujours pressé, le
médecin vêtu de noir. Pour se rendre dans le reste
du pays, il utilisait en été le canot ou la barque pon-
tée dotée d'une voile, et l'hiver, sur les cours d'eau
gelés, le traîneau ou la carriole. Il n'y avait pas de
route entre Québec et Montréal[1] et, quelle que fût
la saison, aller d'une cité à l'autre était une aventure.

Cet homme si occupé savait néanmoins trouver
du temps pour les plaisirs de l'amitié. Il reçut un soir
l'orfèvre Jacquet et Charles le Huron. Ils étaient arrivés en compagnie d'un troisième personnage inat-
tendu. Le quidam en question pouvait se passer de
perruque. Il avait laissé pousser une très longue chevelure rousse et bouclée. Il arborait une barbiche et
des moustaches en croc, coquetterie jadis fort à la

---

1. Le chemin du roi le long de la rive nord du Saint-Laurent ne serait
terminé qu'en 1737.

mode sous le bon roi Henri IV. Tout le reste ne pouvait qu'étonner. Il portait une sorte de souquenille bleu lavande sur un long gilet rose et une culotte rayée de vert et de jaune; en guise de cravate, une collerette de gaze blanche et, tenant lieu de coiffure, un large bonnet rond incliné sur l'oreille dont le panache retombait sur son épaule droite. Il s'appelait Dessailliant et se présentait comme peintre nomade. Il parlait avec détachement de son œuvre.

«J'ai exercé cette activité en France et en Italie. Me voici à présent en Amérique où je vague de ville en ville pour peindre des portraits.

— En faites-vous beaucoup? demanda le médecin.

— Ici assez peu souvent. J'ai peint ces derniers temps, au manoir de Mascouche, le portrait de Mme de Repentigny.

— Je connais bien cette dame. Elle a eu l'idée de créer un atelier de tissage de toiles en ce pays.

— Celle-là même. Et dans les monastères, je propose de fixer les traits du prieur ou de la mère supérieure. Le plus souvent, je dois me contenter de peindre pour l'église d'un village un ex-voto, parfois un tableau de reconnaissance.»

Pour ses interlocuteurs, il expliqua:

«Un ex-voto est une peinture faite à la demande d'une personne ayant échappé à un grand danger en remerciement d'une grâce obtenue. Le tableau décrit le péril avec force détails. Je dois vous dire que j'en ai fait, des scènes de naufrages, d'incendies, d'accidents de voiture à cause de chevaux emballés, de voyageurs égarés dans une tempête de neige.

— Et des tableaux de recommandation?

— Dans ce cas, le client veut être représenté non pas au moment du désastre, mais alors qu'il fait une prière de remerciement devant une image du saint ou de la sainte qu'il avait invoqué pour se protéger du malheur.

— Est-ce que votre métier nourrit son homme?

— Parfois, mais d'ordinaire je n'ai comme salaire que le gîte et quelques repas dans les presbytères et les couvents, ainsi qu'un peu d'argent pour me procurer des toiles et des couleurs. Dans les manoirs, ce n'est guère plus riche. Sauf le mois dernier, j'ai fait le portrait d'un seigneur. Mais il fallait que je le représente vêtu comme l'était saint Joseph.

— Pourquoi? questionna Charles.

— Le tableau était destiné à sa fille, une religieuse dont l'ordre interdit tout portrait profane dans les cellules. Mais ainsi pouvait-elle accrocher à son mur l'effigie de son papa.

— Et vous, mon cher Sarrazin, avez-vous aussi des choses à nous dire? demanda l'orfèvre Jacquet.

— Que je meurs de faim et que, avec votre permission, je vais demander que l'on serve le souper. À table, je vous raconterai cela.»

⚭

Une fois le rôti d'orignal servi, découpé et largement entamé, le médecin déclara :

« À présent que je suis sûr de ne pas vous couper l'appétit, je peux vous dire que je reviens des bords de la rivière Richelieu où je fus appelé par le procureur général. On me demandait d'identifier un cadavre, peut-être celui d'un mari assassiné au début de l'année. Oserai-je vous dire que les restes que j'ai examinés étaient dans un tel état que je n'ai pu éclairer la justice ? »

Prié d'en dire plus sur cette affaire, il raconta comment un habitant nommé La Chaume avait épousé la volage Marie Couillau. La jeune femme fut bientôt séduite par un voisin, l'ex-soldat Pierre Viau dit Larose, alors établi comme censitaire sur le fief de M. de Saint-Ours, son ancien capitaine.

Pour se débarrasser de l'encombrant mari, Viau, pendant son sommeil, l'avait tué de trois coups d'épée. L'amant arrêté, ayant avoué son crime, avait été condamné à la pendaison tandis que sa complice disparaissait dans des conditions mystérieuses. Quant à la victime, on en avait trouvé nulle trace.

« Passionnante aventure. Et la suite ? demanda l'orfèvre.

— Le procureur du roi a appris la semaine dernière qu'un noyé avait été trouvé sur le bord de la rivière Richelieu au début du printemps. Le curé servant la seigneurie de Beaumont l'avait fait recouvrir de terre. C'est ce corps mort que je devais tenter de reconnaître.

— Et le soldat Viau ?

— Il a tardivement clamé son innocence et fait appel de sa sentence. On lui a donc administré la question.

— Brrr !» fit le peintre.

La question était une affreuse torture. Le supplicié était solidement attaché à un banc, puis l'on plaçait ses pieds et ses jambes dans de hauts brodequins de métal. Il était sommé d'avouer. Chaque fois qu'il refusait de se dire coupable, à coups de maillet, des coins de bois étaient enfoncés le long des jarrets afin d'écraser jusqu'à les fendre les genoux et les chevilles.

«Viau, reprit Sarrazin, a réitéré ses aveux de culpabilité. Il va subir le châtiment suprême.»

Tous pouvaient imaginer la scène. Devant l'église de Montréal, le condamné agenouillé, seulement vêtu d'une chemise, les yeux dirigés vers la flamme d'un lourd cierge tenu dans sa main, devrait demander pardon à Dieu et au roi, puis il serait conduit au centre de la place du marché. Près du gibet attendrait le bourreau. Après la pendaison, l'exécuteur des hautes œuvres trancherait le cou de l'homme. Sa tête, à titre d'exemple, serait fichée dans un pieu pointu et gardée à la vue des gens de la ville.

« Et Marie Couillau ?

— Elle est condamnée à la même peine que son amant, mais, comme elle est en fuite, elle ne sera pendue qu'en effigie, c'est-à-dire que, sur la potence, on fixera son portrait. Mais je ne vous ai pas tout dit. Appelé comme témoin, l'oncle de Marie, un certain Laporte, a déclaré que par compassion, afin de lui éviter une condamnation infamante, il l'avait par des sentiers forestiers conduite vers la province de New York pour qu'elle s'y cache. En route vers le sud, ils auraient rencontré des Indiens prêts contre récompense à conduire la jeune femme en lieu sûr. Il l'a laissée partir avec eux, a-t-il affirmé. Depuis, on n'a jamais eu de ses nouvelles.

— En somme, dit Jean-Paul, nous avons là une inculpée perdue dans la nature, une victime introuvable, un justiciable bientôt pendu et décapité, et un oncle bien vivant et plutôt suspect. »

Le Huron hasarda une hypothèse.

« Ce nommé Laporte pourrait être l'auteur d'un double meurtre, d'abord celui de La Chaume dont le soldat Viau s'est accusé pour sauver Marie et ensuite celui de sa nièce ?

— Mais, tonna l'orfèvre, que font les agents de notre maréchaussée ? Mais quelle police avons-nous donc en Nouvelle-France ?

— Si je retrouvais Marie Couillau, je ferais volontiers son portrait. Mais au moins est-elle jolie?» demanda Michel Dessailliant.

Plusieurs flacons vides disaient que les quatre hommes, tout en bavardant, avaient trinqué nombre de fois durant le solide repas.

∞

«Tenez, dit le praticien, en plus du dessert, je vais vous montrer quelque chose de curieux.»

Il alla chercher une potiche emplie de terre dans laquelle poussait une plante à fleurs rouges.

«Je la reconnais, affirma Charles, vous en avez trouvé une semblable dans une tourbière de l'île d'Orléans.

— C'est exact. Je voudrais montrer à tous une de ses singularités.»

Il tenait une pince de métal et un de ses petits flacons d'où il tira un moucheron vivant qu'il plaça dans le creux d'une des feuilles velues et veinées de pourpre.

Les convives observèrent la petite mouche en train de se débattre en vain pour échapper aux filaments dans lesquels elle s'engluait. Ils la virent descendre peu à peu vers le fond du cornet de verdure.

«Cet insecte, expliqua Sarrazin, ne pourra jamais sortir de ce piège végétal. Il va être digéré par des sucs que sécrète cette plante carnivore.

— Quelle nom donne-t-on à cette mangeuse de mouches? s'enquit Jean-Paul.

— Selon un ouvrage paru à Paris et signé par le Pr Tournefort, on l'appelle *sarracenia purpurea* [1].

— Sarrazin? Sarracenia! s'écria Charles. On a donc donné votre nom à cette plante que vous avez découverte ici?

— Je l'avoue, dit le médecin d'un ton faussement modeste. J'ai appris cette semaine la nouvelle, envoyée par l'Académie des sciences de Paris.

— Il faut fêter ça, décréta l'orfèvre.

— J'y avais pensé, mes amis. J'ai là, dans ma cave, un vin très rare arrivé de France où il commence tout juste à être connu.»

Il agita une sonnette et parut Perrine, la servante, apportant une lourde bouteille dont le bouchon était attaché par un muselet de métal.

«Du vin de Champagne! s'exclama le peintre. Je ne pensais jamais en boire au Canada.»

Michel Sarrazin raconta sa rencontre avec Dom Pérignon, mais Jean-Paul n'écoutait guère. Il s'était lancé dans une chanson burlesque en latin de cuisine, à la façon des médecins de la comédie de Molière.

«*Bonna bouteilla ordonnaré, postéa déboucharé, ensuita degustaré.*

1. Au laboratoire de phanérogamie du Jardin des Plantes de Paris, on m'a montré la page de l'herbier où est conservée la plante séchée, envoyée par Michel Sarrazin et qui a reçu le nom de *Sarracenia purpurea*. (N.D.A.).

— *Et déboucharé altro bouteilla*, poursuivit le médecin en sonnant de nouveau Perrine.

— *Bene bene respondéré*, reprirent les autres en chœur.

— Votre Mme Couillau et son mari disparus n'auraient-ils pas été dévorés par une sarracénie géante?» demanda Dessailliant.

La conversation se poursuivit sur un ton plus grave. Les passagers des navires venant de France avaient répandu une fâcheuse nouvelle. La guerre était déclarée. Encore une fois contre l'Angleterre [1].

«Juste au moment, dit Jean-Paul, où nous venions de conclure une grande paix avec tous les Indiens du pays.

— Les Anglais de Boston vont essayer de nous prendre ce qu'il reste de notre Acadie et qu'ils appellent la "Nova Scotia"», affirma Charles.

Sarrazin pensait aux blessés dans les hôpitaux, aux troupes embarquées sur des navires mal désinfectés, porteurs de nouvelles épidémies. Il imaginait les prix des denrées soudain enchéris, privant encore les malheureux du nécessaire.

---

1. Il s'agissait de la guerre de la Succession d'Espagne. Louis XIV avait accepté le trône d'Espagne pour son petit-fils Philippe sans que ce dernier renonçât à ses droits futurs sur la couronne de France. Les cours d'Europe, en tête celle d'Angleterre, voyant se créer une alliance franco-espagnole très puissante, déclarèrent une guerre qui allait durer douze ans.

Conséquence inattendue de la guerre, la Nouvelle-France se trouva soudain privée de son évêque. Mgr de Saint-Vallier s'était rendu en France et à Rome. Sur le chemin du retour, au large des Açores, il avait eu la douleur de voir le vaisseau marchand *La Seine* qui le transportait arraisonné par les Anglais. Sa Grandeur et les seize prêtres qui l'accompagnaient avaient été conduits à Londres, mis au cachot, puis transférés dans une résidence plus digne de leur état ecclésiastique quoique fort austère. Son prédécesseur, resté à Québec, Mgr François de Laval, celui que l'on appelait « M. l'Ancien », dut quitter sa paisible retraite et reprendre ses activités épiscopales afin de suppléer l'absent.

Les fidèles ne se plaignaient guère de ce changement. L'évêque Saint-Vallier, de plus en plus autoritaire, irascible, hautain, connu par ses sévérités excessives, était sans cesse en conflit avec ses subalternes et ses supérieurs, jusqu'au roi lui-même qui essayait en vain de l'éloigner de son diocèse.

On ne manquait pas à Montréal de rappeler comment il avait essayé de circonvenir le gouverneur Frontenac afin de l'empêcher de faire jouer des pièces de théâtre. On se gaussait aussi de l'épisode du prie-Dieu. Cela s'était passé à Montréal du temps que M. de Callières en était le gouverneur. Le prélat, venu présider une prise d'habit dans un couvent de récollets, était entré dans une rage folle parce que le fauteuil placé à son intention devant l'autel se trouvait à la gauche de celui du gouverneur. Selon Mgr de Saint-Vallier, le seul dans la colonie qui fût nanti de ce privilège était le gouverneur général. Le sieur de Callières, simple représentant du plus haut personnage de la colonie, devait être placé à gauche. L'évêque avait ordonné que l'on ôtât le meuble, que Callières avait fait remettre en place. La dispute s'était éternisée. Au bout d'une semaine, Saint-Vallier avait fait fermer la chapelle, privant les récollets et les fidèles de tout office religieux. L'affaire avait été portée devant le Conseil souverain et l'évêque avait menacé d'en appeler à Rome.

Depuis ce temps, Louis-Hector de Callières était mort et le roi avait donné le Canada à gouverner au marquis Philippe de Rigaud de Vaudreuil. Sarrazin connaissait bien l'un et l'autre. Ils faisaient partie comme lui de l'expédition militaire de M. de Denonville contre les Tsonnontouans. Il y avait déjà dix-sept ans de cela!

Le médecin s'entendait bien avec le nouveau gouverneur, Philippe de Rigaud de Vaudreuil. Né dans une famille languedocienne pauvre mais de vieille noblesse, cet ancien militaire, à l'approche de la cinquantaine, avait épousé une jeune fille née en Acadie où son père commandait une garnison. Les

Rigaud avaient déjà plusieurs enfants et leur plus jeune, Joseph-Hyacinthe[1], était le premier bébé à avoir vu le jour au château Saint-Louis.

La capture de *La Seine* n'avait pas seulement coûté un évêque à la colonie. C'était aussi une grosse perte pour les marchands de Québec propriétaires du navire et de sa cargaison en partie composée de tissus. D'autres arraisonnements avaient ruiné le commerce et provoqué une forte hausse du prix des marchandises.

Une femme avisée, Agathe de Saint-Père, mariée à Pierre Le Gardeur de Repentigny, profita de cette pénurie pour accroître le nombre de ses métiers à tisser et, faute de chanvre, imagina d'utiliser des fibres d'ortie pour confectionner ses toiles.

Michel Sarrazin fut mis à contribution et chargé de chercher dans la flore locale des plantes fournisseuses de flocons laineux semblables à celui des cotonniers des Antilles et propres à être filés. Il en trouva et suggéra aussi que l'on plantât du chanvre comme cela s'était déjà fait naguère à la demande de l'intendant Jean Talon. « Il faut, disait le botaniste, profiter d'une situation provisoire découlant de la

---

1. Il deviendra gouverneur de l'île de Saint-Domingue. Tous ses frères feront de brillantes carrières, amiral, militaires, gouverneurs. Pierre de Rigaud de Cavagnial, marquis de Vaudreuil, surnommé le grand Marquis, deviendra le premier Canadien nommé gouverneur en titre de la Nouvelle-France. Ce sera aussi le dernier gouverneur français.

guerre pour créer ici des manufactures.» Mais de tout temps, les intendants appliquaient les ordres très stricts reçus de Paris. Ils se résumaient à ceci : la Colonie n'est bonne que dans la mesure où elle peut être utile à la France ; on ne doit pas y créer d'industries pouvant porter atteinte à celles de la métropole.

La guerre que menait l'Angleterre compliquait davantage les communications entre le Canada et la France. En plus des vieux périls de l'océan, les commandants des navires devaient compter avec ceux de l'ennemi, plus nombreux, souvent mieux armés. Chaque départ de vaisseau étreignait le cœur des colonistes. Reverraient-ils les parents, les amis embarqués ? À chaque printemps, bien des gens de Québec montaient à la ville haute pour scruter le fleuve. Aux équipages des voiliers arrivés on demandait des nouvelles de ceux attendus à la belle saison.

Michel Sarrazin s'inquiétait pour les caisses de bois destinées à l'Académie des sciences et confiées aux vaisseaux du roi. Aidé de Charles, il les confectionnait solides, bien rembourrées de paille pour protéger les bocaux remplis d'alcool dans lesquels nageaient ses échantillons anatomiques. Les pages d'herbier étaient emballées avec autant de soin. Pour les plantes vivantes, c'était pis : elles étaient livrées aux navires dans des pots de terre contenus dans des paniers de joncs tressés. Ces paniers devaient être placés à un endroit du pont qui fût à l'abri d'un soleil trop cuisant et des embruns. Il fallait surtout obtenir du capitaine du vaisseau que les végétaux fussent arrosés d'eau fraîche selon les indications données par le Dr Sarrazin.

Ce dernier, malgré tout, apprenait souvent avec désespoir que ses arbustes en pot et plants de fleurs étaient arrivés trop abîmés pour être transplantés au Jardin royal.

Cette fois, il y avait deux intendants à Québec, tous deux instruits et compétents. C'étaient le père et le fils : Jacques Raudot, âgé et sage, et Antoine Raudot, rempli de bonnes idées et prompt à les réaliser. Michel Sarrazin les entretint de la santé publique et suggéra des moyens de l'améliorer. Des règlements oubliés furent remis en vigueur, par exemple l'obligation pour les gens de Québec et de Montréal de construire des latrines dans chaque maison, l'interdiction de laisser des animaux d'élevage traîner dans les rues, le nettoyage de la chaussée, le ramassage régulier des immondices, la surveillance des puits, sources et fontaines.

Les Raudot père et fils interdirent une nouvelle fois la fourniture d'alcool aux Indiens en échange de pelleteries et veillèrent à l'application de cette mesure mal vue des trafiquants. Les intendants créèrent également un service postal, d'abord entre Québec et Trois-Rivières. Le premier maître des postes s'appelait Pierre Da Silva, dit Portugais.

L'intendant Raudot avait plusieurs fois insisté auprès du médecin pour qu'il acceptât de devenir membre du Conseil supérieur, le nouveau nom du Conseil souverain que, par ordre royal, Vaudreuil avait réformé. Il comptait désormais douze membres nommés par le roi, auxquels s'ajoutaient le gouverneur, rarement présent, l'évêque, le plus souvent absent, le procureur général et l'intendant, président d'office des séances. C'était une cour chargée d'enregistrer les arrêts du roi et d'examiner, sans frais pour eux, les appels des gens de la colonie. La charge de conseiller était peu rémunérée, mais faire partie du Conseil était un honneur recherché par les riches marchands.

Parmi eux, François Hazeur[1], un septuagénaire avec qui le médecin se lia d'amitié. Enrichi dans le commerce de la fourrure, il avait fait de mauvaises affaires dans l'industrie du bois et des pêcheries. Il était veuf après avoir élevé une nombreuse famille.

Le Dr Sarrazin, même accaparé par ses activités médicales et sa charge de conseiller, ne manquait pas, au cours de ses tournées à travers le pays, de se livrer à sa passion de la botanique. C'est ainsi qu'il

---

1. Il a fait construire en 1684 sa maison sur la place Royale. Elle existe toujours, un peu modifiée, sur le côté nord de la rue Notre-Dame.

indiqua où poussait *Astralia humilis*, une espèce locale de ginseng sauvage. Cette plante enfonce dans la terre une racine à apparence humaine qui a toujours frappé les imaginations. En Asie comme en Europe, elle se vendait très cher à cause de ses propriétés toniques et la vertu qu'on lui prêtait de guérir presque toutes les maladies. Cette panacée devint une source d'enrichissement pour les colonistes assez habiles pour en organiser le commerce.

Le praticien avait noté que les guérisseurs indiens, dans les cas de crampes ou de convulsions, utilisaient souvent un remède tiré d'une des glandes génitales du castor. Il demanda à Charles de lui procurer un de ces animaux qu'il installa dans une cage afin d'observer son comportement. Puis le castor sacrifié fut disséqué, étudié et un mémoire complété par des planches anatomiques fut envoyé à l'Académie des sciences de Paris. Il en fut de même avec des rats musqués que les Hurons appelaient « ondatras ». Sans se soucier de l'odeur nauséabonde qui envahissait sa maison, le praticien en examina les structures. Il fit la liste d'autres animaux peu connus en France auxquels il consacrerait une recherche anatomique ; en tête, le carcajou, le porc-épic, l'orignal, la vache marine aussi appelée « phoque », le béluga, et pourquoi pas un jour, échouée sur un rivage, une de ces baleines bleues, longues de cent pieds et pesant deux cent cinquante mille livres, si nombreuses à l'automne dans le fleuve, en aval de Tadoussac.

Le Dr Sarrazin dut vite interrompre ses travaux de zoologie. Le terrible mal de Siam était réapparu. Aucun remède connu ne pouvait faire reculer ce fléau. L'œil fixé sur l'oculaire de son microscope, Michel Sarrazin tentait d'en trouver la cause. Il comparait en vain des échantillons de crachats, d'urine, de sang de personnes atteintes à ceux de personnes saines. Tout ce qu'il voyait était, très grossies, des formes mouvantes et mystérieuses au comportement incompréhensible. Elles lui faisaient penser au somptueux spectacle d'amas d'étoiles dans le ciel noir de l'hiver, à des constellations, à des nébuleuses. Il aurait voulu, pour en percer le mystère, recevoir comme une grâce soudaine le don des intuitions [1].

Il songeait qu'à Paris ses maîtres Fagon et Tournefort avaient dû progresser dans leurs connaissances des maladies infectieuses, qu'il serait bon de les interroger. Peu à peu se forma en lui l'idée d'un voyage en France qu'il n'avait pas revue depuis onze ans.

Le Dr Sarrazin, à la veille de son embarquement pour La Rochelle, alla faire une visite ultime à ses

---

1. Il a fallu attendre 1901 pour découvrir que la fièvre jaune était causée par un virus inoculé à l'homme par un moustique des zones tropicales d'Afrique et d'Amérique. Des voyageurs transmettaient cette maladie infectieuse aiguë dans le reste du monde. Le vaccin protecteur n'a été mis au point qu'en 1943.

patients de l'Hôtel-Dieu. Dans les couloirs, il rencontra le peintre Dessailliant, toujours habillé de façon surprenante.

«Vous ici? Je vous croyais parti pour la région des Grands Lacs.

— J'en reviens tout juste. J'arrive du Détroit où je suis allé faire le portrait du seigneur du lieu, le sieur Antoine de Lamothe Cadillac[1], un très curieux bonhomme.

— Je l'ai connu autrefois. À l'origine, un simple roturier, beau parleur, grand buveur, plus grand coquin, mais très brave soldat. Et toujours prodigue. Il a dû bien vous payer.

— Je ne me plains pas.

— Et que venez-vous faire à l'hôpital?

— Avant que l'on ne la mette en bière, le portrait de la révérende mère Louise de Saint-Augustin, morte, je crois, hier matin.

— Oui, nous avons perdu cette sainte femme, longtemps mère supérieure de l'hôpital général. Que Dieu ait son âme. Je connaissais assez bien son frère,

---

1. Né en Gascogne, il s'appelait Antoine Laumet et avait choisi comme nom de guerre Lamothe Cadillac. Sa vie fut un véritable roman. Il se faisait passer pour noble. Militaire, il fut envoyé en Acadie, y devint trafiquant de fourrures, corsaire, agent secret (il alla explorer avec Franquelin les défenses ennemies sur les côtes de la Nouvelle-Angleterre). Nommé commandant du fort de Michillimakinac, il fonda une cité, future Detroit, puis devint gouverneur de la Louisiane et finit sa vie en France comme gouverneur de la place forte de Castelsarrasin.

feu François Hazeur. Nous siégions côte à côte au Conseil de la colonie.»

Le médecin conduisit le peintre dans une pièce où gisait la défunte éclairée par la flamme dansante d'un grand cierge. Elle était veillée par une jeune fille vêtue de noir. Le docteur se demandait où il avait déjà aperçu cette brunette au visage à la fois doux et sérieux.

Dessailliant sortit ses feuilles et ses crayons. Lui laissant la place, l'adolescente quitta la chaise où elle était assise et vint près de la fenêtre où se tenait Sarrazin.

« Êtes-vous une novice de la communauté ? demanda-t-il.

— Non, je suis la nièce de mère Louise de Saint-Augustin.

— Alors vous êtes la fille de François Hazeur ?

— Oui, monsieur.

— Comment vous appelle-t-on ?

— Marie-Anne.»

Elle ajouta :

«Je voulais vous remercier. Vous êtes le Dr Sarrazin. Vous avez soigné ma tante avec beaucoup de dévouement.

— Le même, j'espère, que je dois à tous mes malades.»

Il l'interrogeait tout en se disant : «Quelle charmante demoiselle ! Quelle retenue ! Sa grâce timide et souriante ne laisse point indifférent. Si c'était une fleur, ce serait une violette».

Elle raconta que, depuis qu'elle était orpheline, elle vivait chez un de ses oncles à Montréal où elle s'ennuyait beaucoup de Québec.

Ils continuèrent à chuchoter dans la pénombre, puis elle retourna auprès de la morte. Lorsque Dessailliant eut terminé ses esquisses, Sarrazin partit avec le peintre.

Ils marchaient sur le sol durci par le froid. Le ciel était gris et un aigre nordet fouettait la ville. La neige allait bientôt recouvrir le pays. Déjà les femmes de la ville avaient sorti leur cape à capuchon, leur manchon de fourrure, et les hommes, leur capot d'hiver et leur tuque de laine rouge.

«Prêt pour le rude hiver? demanda Dessailliant.

— Cette année, pour moi, il sera doux, car je le passerai en France. J'irai herboriser dans les sous-bois avec le grand Tournefort. Nous cueillerons des jonquilles et des violettes.»

Disant cela, Michel Sarrazin songea encore à Mlle Hazeur. Il se fit cette réflexion. «Une violette? Non, mieux que cela, cette jeune Marie-Anne, c'est plutôt une pensée.»

Michel Sarrazin exerça la médecine à l'Hôtel-Dieu de Québec.
Détail de la carte de Fonville (1699).

7

Hiver 1708 : La pensée retrouvée

Cruelle déception. Dès son arrivée à Paris, le Dᴿ Sarrazin entrant au Jardin des Plantes apprit que son maître Tournefort était mort quelques mois plus tôt. Dans le tournant d'une rue étroite, il avait eu la poitrine enfoncée par l'essieu d'une roue de tombereau. Triste fin pour le plus savant botaniste et le plus consciencieux médecin de France.

Cette année-là, le pays connut une rigoureuse vague de froid. L'alcool gelait dans les thermomètres, un instrument récemment inventé, très utile aux hommes de science comme aux simples particuliers.

«Pire qu'au Canada, disait Michel à Sébastien Vaillant, devenu professeur de botanique au Jardin royal.

— Depuis quelques années nous vivons ici un véritable âge glaciaire. Et les malheurs de la guerre n'arrangent rien.»

Face aux troupes autrichiennes du prince Eugène et aux forces anglo-hollandaises du duc de Marlborough, les glorieuses armées du roi avaient subi plusieurs revers. Les ennemis coalisés menaçaient d'envahir le territoire.

Les Parisiens étaient renfrognés au possible. Les denrées de première nécessité étaient hors de prix; les impôts, toujours plus pesants; le trésor royal, vide.

Michel Sarrazin avait hâte de retrouver sa plantureuse Bourgogne natale. Après un pénible trajet le long de plaines enneigées, de rivières gelées à cœur, de forêts pétrifiées, il retrouva des Bourguignons réduits aux privations, silencieux et désolés entre leurs granges vides et leurs tonneaux creux. Et c'était, disait-on, pareil dans tout le royaume.

Il vint s'installer au Jardin royal, profitant de l'hospitalité de Sébastien Vaillant. Ensemble, ils allèrent voir leur ancien professeur, Gui Fagon, toujours premier médecin du roi.

C'est ainsi que Michel Sarrazin franchit les grilles du château de Versailles où tout était luxe, richesse et beauté. Mais le temps des fêtes galantes était terminé. On sentait que le Roi-Soleil était à son déclin.

Fagon, très vieillissant, devenu homme de cour, s'intéressa peu aux travaux scientifiques de son ancien élève. Il lui fit cependant visiter les réputés jardins du château. Sarrazin s'étonna de la façon dont la nature avait été domestiquée par des maîtres jardiniers. Le parc s'ordonnait à l'infini en parterres de fleurs géométriques bordés de buis taillés.

Notre héros, à la fois ébloui et déçu, si on lui avait demandé ce qu'il avait trouvé de plus étonnant à Versailles, aurait pu répondre : « C'était de m'y trouver. »

Chez Sébastien Vaillant, Michel Sarrazin se regardant dans un miroir se trouva amaigri et très pâle.

« Je ne vous prescrirai ni la saignée, ni les purgations, ni aucun autre remède ordinaire, dit Sébastien consulté. Allez plutôt faire une cure d'un mois à Forges. »

C'était une petite ville au début de la Normandie. Dans un parc, celui-là très peu classique, trois sources dispensaient une eau aux vertus toniques appréciée des plus célèbres malades du royaume. Sarrazin revint de Forges-les-Eaux tout revigoré. Il rapportait aussi un herbier débordant de fleurs printanières

Continuateur des travaux de Tournefort, Sébastien Vaillant s'employait à perfectionner son système de classement. Il venait, en étudiant de près un pistachier[1], de mettre en lumière un fait capital, négligé par les plus savants botanistes: l'existence de la sexualité des plantes. Ces observations permettaient de bien comprendre le mystère de leur fécondation.

Le voyageur n'avait pu encore rencontrer son ami Jean-Baptiste Franquelin. Ce n'était guère facile. Le cartographe travaillait dans un bureau secret du service des fortifications installé dans un lointain château. Le maréchal de Vauban était mort, mais ses successeurs continuaient à améliorer ses systèmes de tracés bastionnés. Les deux amis ne purent passer qu'une seule journée ensemble. Ils évoquèrent les jours de leur jeunesse, les bonnes soirées de Québec, se firent des confidences.

Michel Sarrazin raconta combien il était tenté de changer le cours de sa vie, de la consacrer tout entière à l'étude des végétaux dans le tranquille Jardin du roi des bords de la Seine.

L'appel du Canada fut plus fort que ses intentions passagères. Il se devait, affirma-t-il, de retourner en Nouvelle-France auprès du petit contingent de chirurgiens, de sages-femmes et d'hospitalières voués aux soins de la population souffrante. Il fallait avec eux trouver un moyen de pallier les effets des terribles épidémies.

---

1. Cet arbre existe toujours au Jardin des Plantes.

Rester en France après tout n'était guère exaltant. L'effroyable hiver de 1709 avait fait geler les semences au profond des sillons amenant de graves disettes, génératrices d'émeutes dans les villes affamées. Les dames de la halle de Paris, venues à pied jusqu'à Versailles, avaient secoué les grilles du château en demandant du pain pour le peuple.

Michel Sarrazin se savait attendu à Québec. Parmi des lettres reçues de là-bas, celle du gouverneur Rigaud de Vaudreuil. Il se sentait vieillir et réclamait son médecin.

À La Rochelle, Sarrazin rencontra un sulpicien de Montréal et sut par lui le décès de Mgr de Laval. Ainsi, il n'y avait plus dans la colonie d'évêque pour sacrer les nouveaux prêtres. Mgr de Saint-Vallier, que la roi avait tenté en vain de retenir en France à la fin de sa captivité londonienne, se préparait à retourner dans son diocèse. Tout ce que demandait Sarrazin, c'était de ne pas se retrouver une fois de plus sur le même navire que le prélat.

Lorsque la flûte royale *La Loire*, pour gagner la pleine mer, franchit le chenal entre les tours jumelles gardiennes du port aunisien, il jeta un dernier regard sur son pays natal, pressentant qu'il n'y reviendrait jamais.

La traversée fut sans histoires. Sarrazin, le plus souvent seul à l'avant du vaisseau, passait de longues heures à méditer face à la mer. Il se remémorait sa première traversée vers le Canada. Quand il vit défiler à bâbord et à tribord les rives de plus en plus rapprochées du fleuve géant, son cœur se mit à battre plus fort. L'automne teintait de bronze les lointains du paysage. Parfois dans la plaine un orme balançait sa haute tête. Le médecin reconnaissait son pays laurentien.

Au cours de ses deux années d'absence, rien de grave ne s'était passé. Excepté que les Anglais de Boston, lui apprit-on, préparaient par mer une nouvelle attaque contre Québec tandis que leurs troupes de terre, renforcées de Mohawks, s'apprêtaient à investir Montréal.

Le gouverneur Rigaud de Vaudreuil déclara que ses forces étaient prêtes à faire face à tout assaut. La vie de Sarrazin reprit en de longues courses dans le pays, coupées par les réunions du Conseil supérieur.

Elles avaient lieu le lundi dans le palais de l'intendant construit sous le règne de Jean Talon, une pittoresque bâtisse de trois étages, sa façade égayée par une porte d'honneur de pierre sculptée et des perrons, ses deux corps de bâtiment en avancée coiffés d'un fronton triangulaire, un troisième d'une haute tour à horloge. Sur les murs, un cadran solaire, des œils-de-bœuf; sur le toit, des lucarnes et de hautes cheminées. Une partie du palais servait d'entrepôt pour les marchandises précieuses et aussi de prison.

Le vieux Raudot, à la veille de son départ, dirigeait les débats du petit et sage parlement. Une grande partie de la séance était consacrée, lus par le greffier, aux pourvois déposés par les justiciables souhaitant la réformation de divers jugements prononcés contre eux. L'esprit de chicane très vif, conséquence, pensait-on, de l'origine normande de beaucoup d'habitants, multipliait ces recours. Trop en abuser faisait courir le risque d'une condamnation aggravée et du paiement d'une amende, dite de fol appel.

Après ces débats, l'intendant Raudot sollicitait l'avis des conseillers sur des mesures à prendre dans l'intérêt de la colonie, puis renvoyait chacun chez soi. Il sortait de la salle comme il y était entré, c'est-à-dire accompagné par des gardes de sa suite, appelés «hoquetons» ou encore «carabins» et armés de fusils courts, un cérémonial conforme à sa dignité. Car l'intendant, après le gouverneur général et l'évêque, était le plus important personnage officiel. En fait, le plus puissant. Il avait la maîtrise absolue de la justice, de l'administration et des finances.

De son côté, le gouverneur général avait la charge du commandement militaire, des négociations avec les tribus indiennes et des relations avec les possessions anglaises au sud du lac Champlain.

Homme cultivé, ami des belles lettres, Jacques Raudot, loin de tout souci de protocole, invitait volontiers Sarrazin à partager son repas. Il le traitait en ami, le consultait sur toutes sortes d'affaires. Par exemple quand les habitants se plaignaient d'un insecte nommé «tordeuse du bourgeon», destructeur de leurs épinettes, ou quand les tourtes trop nombreuses s'abattaient sur leurs récoltes. Était-il vraiment efficace, comme le suggérait l'évêque, d'ordonner aux curés des prières publiques ? Et quand le sucre des Antilles était trop cher, ne pouvait-on pas tirer meilleur parti de la douce sève des érables ? De même pour le tabac, ne pouvait-on pas cultiver en terre canadienne des variétés aussi bonnes que celles du Sud ? Quels arbres pouvaient fournir la meilleure potasse, une substance produite par les cultivateurs et achetée par les industriels de France ?

Sarrazin faisait des études, trouvait souvent des solutions. Ainsi, pour les céréales, il avait fait venir de Scandinavie, un pays au climat nordique semblable à celui de la Nouvelle-France, des semences de blé, de seigle et d'avoine. Semées à l'automne, elles avaient triomphé des froids intenses et donné à la belle saison des épis lourds de grains, promesse de bonne farine blanche et nourrissante. Pour faire adopter par tous ces nouvelles variétés de céréales, il fallait à présent vaincre les préjugés des habitants réfractaires à l'idée que l'on pût faire les semailles en dehors du printemps.

«Mon ami, je me sens bien inutile ici, disait Raudot. Il y a tant de choses à faire. Aurons-nous le temps ? L'Anglais est à nos portes, il nous domine sur l'Atlantique. À Versailles, notre souverain vieillissant se désintéresse de ses possessions d'outre-mer. Si nous étions attaqués, nous ne pourrions compter que sur un miracle. Et ça, c'est l'évêque que ça regarde et non l'intendant.

— Que feriez-vous de plus en France ? interrogeait Sarrazin.

— Au moins, je ne vivrais pas dans un pays sans imprimeries, sans libraires et sans écrivains [1].»

Le miracle évoqué par le sceptique Jacques Raudot se produisit bel et bien. Une partie de la flotte britannique partie de Boston sous le commandement de l'amiral Hovenden Walker, chargé de conquérir Québec, s'abîma en pleine nuit sur des récifs près de l'Île-aux-Œufs [2]. Dans la capitale, l'événement providentiel fut attribué à l'intercession de la Vierge Marie. Mgr de Saint-Vallier décida que l'église Notre-Dame-de-la-Victoire s'appellerait désormais Notre-Dame-des-Victoires.

Michel Sarrazin faisait des voyages de plus en plus nombreux à Montréal. Il allait s'occuper de l'hôpital général fondé par Jean-François Charon. Ce philanthrope, un laïc né à Québec, devenu riche marchand de fourrures à Montréal, guéri après une grave maladie, avait fait le vœu de consacrer le reste de sa vie aux malades pauvres. Aidé de son frère, il avait fondé une communauté de frères hospitaliers, inspirée

---

1. William Brown ouvre la première imprimerie de Québec en 1764 et le premier roman imprimé en français au Canada, *L'influence d'un livre*, de Philippe Aubert de Gaspé, date de 1837.
2. Sur la Côte-Nord, à présent entre Baie-Trinité et Port-Cartier.

de celle des religieuses de Saint-Joseph. Après toutes sortes de démêlés avec l'autorité religieuse, il avait ouvert une maison entre la rivière Saint-Pierre et le fleuve. Il avait attiré quelques disciples portant comme lui un chapeau rond, une soutanelle, un manteau noir et des manchettes et des rabats blancs. Les Montréalais les appelaient les «frères Charon».

Tous prenaient soin de nécessiteux tels qu'orphelins, handicapés physiques ou mentaux, vieillards infirmes ou retombés en enfance. Aux jeunes qu'ils recueillaient, ils enseignaient, avec le métier de tisserand, les rudiments de la lecture et de l'écriture. Ces éducateurs aux méthodes si efficaces furent vite chargés d'ouvrir des écoles destinées aux enfants de la ville et des paroisses environnantes.

Sarrazin, afin d'aider les frères Charon à améliorer leur hôpital, se rendait de plus en plus souvent à Montréal. Ses familiers avaient surtout remarqué que, pour ces voyages, il s'habillait de façon fort élégante. Fini, l'habit de droguet noir, le bonnet de laine et les bottes de postillon. Le médecin portait désormais un strict justaucorps galonné, des bas blancs, se coiffait d'un tricorne de feutre fin. Il avait rapporté de Paris une perruque courte ornée de discrets rouleaux. Elle donnait l'illusion de cheveux naturels. Il l'avait choisie brun foncé.

Pour tout dire, Michel Sarrazin — il avait dépassé la cinquantaine — courtisait une jeune Montréalaise. Elle s'appelait Marie-Anne Hazeur, avait vingt ans et habitait chez un de ses oncles, un vieux curé élevé à la dignité de chanoine.

La noce eut lieu au printemps de 1712. Lors de la signature du contrat de mariage, par une sorte de coquetterie, le fiancé fit inscrire qu'il n'avait que quarante ans. De la même façon, il affirmait être né dans la cité bourguignonne de Nuits, réputée pour ses grands vins, plutôt que de dire qu'il avait vu le jour dans la paroisse voisine et peu connue de Gilly.

Personnage considérable de la Nouvelle-France, il s'alliait à l'héritière de la maison Hazeur. Malgré des revers de fortune, son père avait légué à Marie-Anne divers biens. Elle apportait en dot à son mari le fief de Saint-Jean, une belle et féconde terre triangulaire de six cents arpents à l'ouest de Québec. Des bords de la rivière Saint-Charles, elle s'étendait jusqu'à la Grande-Allée et portait une ferme louée à un laboureur. S'ajoutait à cette propriété le domaine de Grand-Étang, situé sur la côte de la Gaspésie, à quatre cents lieues de Québec.

Désormais possesseur de biens au soleil, le médecin sentait s'affermir en lui le goût des grandeurs. Il lui arrivait de signer des actes officiels d'un nouveau nom, celui de sieur Michel Sarrazin de l'Étang.

Plutôt petite mais forte, très brune et souriante, fière de sa taille de guêpe, la jeune mariée régala à la maison de la rue Saint-Louis la grande foule venue féliciter le nouveau couple.

Jean-Paul, l'artisan, avait offert à son ami un service comprenant plats, hanaps et couverts en argent ciselé où se répétaient des motifs décoratifs rappelant les animaux sauvages de la Nouvelle-France. Quant à Charles, aidé de sa parentèle huronne, il avait rassemblé une imposante collection de plantes médicinales, prête à être mise en terre dans le jardin des Sarrazin.

De France, Jean-Baptiste Franquelin leur envoya une jolie lettre de vœux et de délicates aquarelles peintes par lui pour orner leur salon. Il disait qu'un traité[1] allait mettre fin à une guerre, née de l'accession au trône d'Espagne du petit-fils de Louis XIV, mais que déjà se préparait un autre conflit militaire.

«À l'automne de ma vie, heureux j'entreprends une existence d'époux», écrivit Sarrazin dans son journal intime.

Anne-Marie tenait bien sa maison, gérait avec économie ses ressources et ses biens. L'épouse douce et active lui donna aussi un premier enfant, un garçon prénommé Joseph-Michel. «Il sera comme moi, médecin du roi et naturaliste», avait déclaré le père tout ému.

---

1. Il s'agissait du traité d'Utrecht. Il stipulait notamment que la France cédait à l'Angleterre l'île de Terre-Neuve, l'Acadie et des territoires de la baie d'Hudson.

Une fille, Marie-Jeanne, était née ensuite, puis un second garçon prénommé Claude-Michel ; enfin, la dernière-née, Charlotte-Louise, fermait ce carré d'enfants.

∽

Aujourd'hui, Joseph-Michel, quatorze ans, accompagne son père dans leur propriété gaspésienne de Grand-Étang. Cette terre s'étend de chaque côté de l'embouchure de la rivière Madeleine, près du hameau côtier de Manche-d'Épée. Le jeune garçon découvre un vaste miroir d'eau dans lequel se reflète la haute falaise aux flancs ravinés, aux sommets découpés, et, plus proche, une forêt si touffue que le vent marin fait s'entre-frotter les branches des chênes contre les troncs, produisant des sons inquiétants, semblables à des gémissements d'humains éplorés.

Charles, compagnon de voyage, a monté la tente à la façon indienne, allumé un feu, a déjà repéré la rivière à saumons et le marécage riche en sarcelles.

Le médecin est venu là pour examiner un gisement d'ardoise signalé sur sa propriété. Il espère tirer profit de cette roche feuilletée d'un beau bleu-gris, recherchée pour la couverture des maisons. L'ardoise importée de France se vend bien à Québec. Il espère en exporter partout en Canada et pourquoi pas en Europe ?

L'excursion enchante Joseph-Michel attentif aux explications de son naturaliste de père. Il regarde le passage d'une harde de caribous des bois, puis une autre d'orignaux. Il observe une espèce de musaraigne inconnue dans le reste de la colonie ou des oiseaux guère entendus à Québec, comme la grive à joues grises, le pipit ou le tétras. Il apprend à déterminer l'âge des arbres en comptant les couches concentriques de leur aubier. Le pin blanc que Charles vient d'abattre, d'après le nombre de ses cernes intérieurs, a au moins cent vingt ans et le grand pin rouge à la corne du bois, d'après la grosseur de son tronc, a bien plus de deux cents ans.

« Déjà, il devait être centenaire lorsque Jacques Cartier est passé par ici, explique Michel Sarrazin. Souviens-toi aussi, mon fils, que le pin rouge, le plus beau des géants de notre forêt, ne supporte pas l'ombre des autres arbres. Il lui faut dominer, sinon il meurt. Est-ce une leçon pour les humains ? »

À Québec, la famille Sarrazin habitait à présent une demeure neuve de la rue du Parloir, proche du monastère des Ursulines. La maison de la rue Saint-Louis avait brûlé, mais le médecin continuait à entretenir l'enclos transformé en jardin botanique. Il y faisait pousser les plantes du pays et tentait d'en acclimater d'autres venues de France. Chaque fois qu'il le pouvait, il y conduisait ses enfants pour leur apprendre le nom des végétaux, leurs vertus, leurs charmes et leurs dangers.

«Voici, disait-il, une sanguinaire, appelée aussi "sang-dragon". Il n'en existe qu'une seule espèce. Elle pousse en Nouvelle-France de façon spontanée. Et voyez ce qu'elle a de curieux.»

Il refaisait les gestes que naguère il avait vu faire par son maître Tournefort. De la tige cassée perlait un suc rouge.

«Les Sauvages, disait-il, s'en servent comme colorant, mais ils ont également découvert que, réduit en poudre et administré en petite quantité, le rhizome de cette plante nous aide à cracher les sécrétions venant des poumons. À plus forte dose, la poudre dégage notre estomac embarrassé en provoquant des vomissements.

— Et si l'on en prend trop? demanda Charlotte.

— On est empoisonné à coup sûr.»

Charles secondait maître Sarrazin durant les leçons sur la médecine indienne. Le Huron présentait la potentille qui rend le sang plus fluide et guérit les maux de tête. Il continuait avec la graine de frêne, utile contre les coliques des reins, puis avec les baies de la viorne, arbrisseau encore appelé «bois d'orignal», excellent contre les inflammations de l'estomac et de l'intestin. Il y avait aussi le capillaire, belle fougère au feuillage léger, très efficace contre les maladies pulmonaires. Venait le tour des plantes ennemies des verrues, de celles qui aidaient à suer dans les bains de vapeur, de celles qui étaient souveraines, disait Charles, pour calmer les yeux fatigués par la fumée des foyers à l'intérieur des tentes.

∞

Michel Sarrazin rappelait qu'en France depuis toujours les gens de la campagne, tout comme les Indiens du Canada, connaissaient de nombreux végétaux bienfaisants. Curieusement, on retrouvait de chaque côté de l'Atlantique la même idée magique de correspondances énoncée par le savant Theophrastus Paracelse. «Tout ce que crée la nature, elle le forme à l'image de la vertu qu'elle entend y attacher», affirmait-il.

«Ainsi, les guérisseurs indiens tout comme ceux de Bourgogne pensent, par exemple, que les feuilles ou l'écorce du saule, parce que cet arbre pousse dans les endroits humides, guérissent le rhume et d'autres maladies attribuées à la fraîcheur[1].

---

1. Les chimistes modernes ont découvert que l'écorce du saule, tout comme la spirée, est riche en acide salicylique, un des composants de l'aspirine. On sait aussi que le rhume et la grippe ne sont pas dus à la fraîcheur humide mais à un virus transmissible.

« Les sorciers des tribus comme les herboristes guérisseurs de la vieille Europe mettent de la magie dans leur savoir. Ainsi, les premiers cueillent toujours les feuilles de saule de bas en haut et les autres récoltent leurs simples à des jours précis, le lundi le trèfle, le mardi la verveine, le mercredi la pervenche, le jeudi la quintefeuille, le vendredi la mandragore, le samedi le plantain, sans compter l'importance du décroît de la lune et les fêtes des saints.

— Comment peut-on être sûr que les remèdes indiens sont bons ? demandait Pierre.

— Je me suis livré à beaucoup d'expériences. Il est vrai que la gomme d'épinette rouge appliquée sur les plaies aide à les refermer et empêche l'infection. Les guérisseurs indiens y ajoutent même des feuilles de plantain. Elles renforcent certainement l'efficacité de ce baume naturel. Je suis moins certain des pouvoirs attribués par nos empiriques des tribus à la poudre de pied d'élan, tout comme aux vertus de la corne de cerf râpée que les apothicaires de France jugent indispensable de mettre dans leur thériaque. »

Sarrazin essayait des plantes médicinales sur ses patients et notait les résultats dans un cahier. Le thym et le serpolet[1] donnés en infusion se révèlent bons contre les rhumes, ainsi que la molène ou « bouillon blanc » contre la toux. Autre émollient, la

---

1. Dans l'essence de ces deux plantes, nos modernes biochimistes ont isolé un composé nommé thymol, aux vertus hautement antiseptiques.

bourrache et, pour soulager l'asthme, le lierre terrestre. Mâchées en petite quantité, les feuilles de digitale calment les battements du cœur, et les fleurs de pêcher purgent doucement. La bardane était vraiment précieuse ; on l'appelait « herbe aux teigneux » et ses capitules munis de crochets toujours prompts à s'accrocher aux vêtements portaient le nom de teignes. Réduite en poudre, la racine de cette plante a le don de hâter la cicatrisation des plaies. Elle est recommandée contre les maladies de la peau, en particulier celle du cuir chevelu, également nommée « teigne ».

Souvent aussi, les essais ne donnaient pas de résultats probants, même si les patients affirmaient dur comme fer que le remède avait vraiment amélioré leur santé.

À la fin de chaque hiver, Sarrazin se promettait de longues courses, accompagné de sa femme et de ses enfants, dans l'île d'Orléans ou dans les montagnes du nord de la ville pour observer la nature et peut-être découvrir des végétaux rares destinés au Jardin du roi à Paris. Le printemps, c'était aussi l'arrivée saisonnière des bateaux et avec eux d'un terrifiant cortège de maladies infectieuses. Alors, le médecin passait des semaines à soigner des contagieux, à consoler des agonisants. À leur chevet, dans son esprit tournait toujours la même pensée. Comment empêcher ces fléaux ?

Il venait de lire, dans une gazette médicale, une communication sur la variole. Un membre de l'Académie des sciences rapportait que la femme de l'ambassadeur d'Angleterre à Constantinople, Lady Montaigu, avait évité cette maladie à son fils de six ans grâce à la «variolisation». Ce procédé, connu depuis longtemps en Chine, consistait à prélever au bout d'une aiguille un peu de liquide contenu dans les vésicules d'un varioleux. Puis avec l'aiguille on piquait le bras de la personne à protéger. Cette dernière, dans la plupart des cas, attrapait la maladie, mais sous une forme très atténuée, guérissait très vite et plus jamais n'était atteinte par l'infection.

Michel Sarrazin raconte cette histoire au nouvel intendant Gilles Hocquart pour s'entendre répondre que peu de gens dans la colonie accepteraient ce curieux traitement.

«Ils préféreront s'enduire d'eau bénite, boire du bouillon de serpent ou encore faire des prières à saint Roch.»

Sarrazin n'ignorait rien de cela et en était désolé. Beaucoup de ses malades ne touchaient guère aux médicaments prescrits. Ils pensaient guérir plus vite en écrivant le nom d'un des saints à réputation de thaumaturge sur un morceau de papier qu'ils faisaient tremper dans un verre d'eau bu le matin à jeun. Contre les vers, ils choisissaient saint Médard; contre l'épilepsie, saint Guy; contre les brûlures, saint Laurent, parce qu'il était mort martyr sur un gril ; et saint Clair, contre les maladies des yeux à cause du jeu de mots.

L'orfèvre Jean-Paul Jacquet et Charles le Huron partageaient l'opinion de l'intendant.

Le médecin, lorsqu'il partait dans ses rêveries, se voyait vivre très riche et très vieux, espérant avant de quitter ce monde découvrir le mystère des maladies épidémiques.

Riche, il ne l'était guère en dépit de tout le temps qu'il consacrait à sa profession. Il est vrai que ses appointements annuels de médecin du roi étaient passés en trente ans de six à quelque quinze cents livres, plus le revenu de ses propriétés. Mais, à l'époque, un grand marchand de la colonie pouvait compter sur un gain annuel variant entre trois et six mille livres et laisser à sa mort un gros héritage. Sans parler de l'intendant royal dont les appointements étaient de vingt-deux mille livres par an.

Aux trois domestiques de la maison Sarrazin s'était ajouté un esclave noir. C'était la mode dans les grandes maisons, et même dans les couvents, d'avoir à son service un serviteur venu des Antilles ou appartenant à la tribu indienne des Panis, traditionnellement vouée à l'esclavage.

Plusieurs fois, le médecin avait tenté, pour mieux élever sa famille et bien doter ses filles, de se lancer dans des aventures industrielles. Son ardoisière du Grand-Étang n'avait pas été un succès. Les gens de la colonie préféraient le traditionnel bardeau de bois bon marché même s'il était inflammable. Le transport de l'ardoise vers Québec coûtait gros et vers la France bien davantage. Finalement, l'affaire avait été abandonnée, tout comme l'espoir de faire fortune avec les eaux minérales du cap de la Madeleine, pourtant de composition semblable aux bienfaisantes eaux normandes de Forges. Mais les Canadiens ne voulaient pas boire ce liquide ferrugineux, remède éprouvé contre l'anémie.

Sarrazin avait aussi imaginé de tirer parti du plomb contenu dans les veines d'une colline calcaire sise près de Baie-Saint-Paul. Il aurait fallu pour cela construire une machine hydraulique et le médecin trop pris par ses malades n'avait pas poursuivi son projet.

Marie-Anne gérait au mieux le budget de la maisonnée. Elle aurait souhaité que l'art de Michel rapportât un peu plus d'écus à la maison. Il répondait : « Je ne peux demander davantage d'argent à mes malades riches et encore moins en exiger de mes malades pauvres. Ai-je le droit de tirer une fortune d'un don que j'ai reçu gratuitement du Seigneur ? Je ne fais que les soigner. C'est Dieu qui les guérit. »

La vie était devenue très chère à Québec. Les appointements de Sarrazin, malgré ses demandes répétées, demeuraient ce qu'ils étaient quinze ans plus tôt. La France envoyait de moins en moins d'argent à ses colonies. Au cours de l'année 1721, elle avait frôlé la banqueroute. Philippe d'Orléans, oncle de l'enfant-roi et chargé de la régence, avait confié à un banquier écossais appelé John Law la responsabilité des finances du royaume. L'homme avait conçu un mirobolant système fondé sur l'exploitation des richesses de la Louisiane, des Antilles et du Canada. Sa monnaie de papier avait surtout permis une spéculation insensée vite suivie par une faillite nationale. Des troubles avaient éclaté dans le pays. De plus, une terrible épidémie de peste, amenée à Marseille par un navire, s'était propagée dans toute la Provence et menaçait le reste de la France. On craignait au Canada de voir l'implacable fléau s'ajouter à tant d'autres.

∞

Cet homme voûté que vous voyez monter doucement la côte de la Canoterie, c'est Michel Sarrazin. Il a plus de soixante-dix ans, chose exceptionnelle en un temps où beaucoup d'hommes ne dépassent guère la cinquantaine. Il ne compte plus le nombre de ses contemporains disparus, les plus humbles comme les plus célèbres. De cette dernière catégorie, emportés dans le même temps, le gouverneur de Vaudreuil puis Mgr de Saint-Vallier. Le premier a eu comme successeur intérimaire Charles Le Moyne de Longueuil, le premier Canadien de naissance élevé à ce poste suprême. Le nouvel évêque, préférant vivre en France des bénéfices de sa charge canadienne, ne traversera jamais l'Atlantique. Celui qui sera envoyé pour lui succéder, pâle personnage, fera regretter le terrible Saint-Vallier.

Le Dr Sarrazin est toujours songeur, mais sa pensée est mélancolique. Au terme de sa vie, il n'a toujours pas découvert le secret de la variole, ni celui de la fermentation du vin, ni toutes les plantes aux qualités curatives vraiment certaines.

Son bonheur, c'est de savoir que Joseph-Michel, son fils aîné, est parti pour Paris où il étudie la médecine au Jardin des Plantes. Il ira ensuite comme lui passer son diplôme à Reims. Il viendra s'établir en Nouvelle-France. Il y sera à son tour médecin du roi et botaniste.

Ainsi, le nom de Sarrazin se perpétuera, glorieux, en Nouvelle-France.

La Maison Michel Sarrazin de Sillery, fondée en 1985,
accueille les mourants cancéreux.

8

Épilogue : Sarrazin toujours vivant

L e Dr Sarrazin est mort le 6 septembre 1734, victime de son abnégation, emporté par une fièvre maligne le jour même de l'anniversaire de son soixante-quinzième anniversaire.

La semaine précédente, un vaisseau était arrivé dans le port et, comme de triste coutume, l'Hôtel-Dieu s'était rempli de malades. Les hospitalières, les chirurgiens de la ville étaient débordés. Malgré les prières de Marie-Anne, le vieil homme était parti, sa trousse de cuir sous le bras. Il allait, disait-il, essayer de soigner les survivants et au moins entourer d'affection les mourants.

Comme il l'avait demandé, il a été inhumé dans le cimetière des pauvres, ceux qu'il avait aimés et servis toute sa vie. Dans la foule nombreuse présente aux obsèques se trouvait sœur Marie Barbier de l'Assomption, une religieuse très âgée, celle que Michel Sarrazin avait opérée en l'an 1700.

À la mort du médecin, ses quatre enfants étaient encore vivants, Marie-Jeanne qui était devenue religieuse et Charlotte-Louise, ainsi que les deux garçons, dont Joseph-Michel, appelé à succéder à son père en tant que médecin du roi en Nouvelle-France.

Le destin a voulu qu'en 1739, alors qu'il venait de recevoir son diplôme de médecin et s'apprêtait à revenir sur les bords du Saint-Laurent, Joseph-Michel Sarrazin, pris par de mauvaises fièvres, mourût à Paris. Deux ans plus tôt, à Québec, sa jeune sœur Marie-Jeanne était décédée à l'âge de dix-neuf ans. Quant au deuxième garçon, Claude Sarrazin, destiné à devenir prêtre, il avait quitté le séminaire pour entrer dans l'armée. Nommé en France, il s'y était établi et ne revint jamais au Canada.

Charlotte-Louise, la fille survivante, a épousé Jean-Hippolyte Gauthier de Varennes. Ainsi, le nom de Sarrazin, en terre canadienne, n'a pas été porté par ses descendants. S'il subsiste, c'est par ses œuvres et par le nom de la Maison Michel Sarrazin de Sillery[1].

∞

Ce n'est que sept ans après la mort de Michel Sarrazin qu'un nouveau médecin du roi en Nouvelle-France est venu exercer à Québec, Jean-François Gaulthier, Normand d'origine. Il était lui aussi botaniste. On lui doit la découverte de l'arbrisseau dont les feuilles odorantes sont appelées «thé des bois». En son honneur, elle a reçu le nom scientifique de *Gaulthiera procombens* et le nom français de gaulthérie.

Le Dr Gaulthier est mort à Québec dans les mêmes circonstances que son prédécesseur: il a été

---

1. Ne cherchez pas dans le Québec métropolitain une rue, une avenue, une place Michel-Sarrazin. La ville a oublié le nom de celui qui l'honora par son savoir et son dévouement. Toutefois, au Jardin zoologique, une modeste plaque rappelle le savant. Le nom de Michel Sarrazin n'est pas tombé dans l'oubli grâce à la Maison Michel Sarrazin, un lieu de tendresse où sont accueillis les mourants cancéreux. Cet établissement de type familial, bâti sur le domaine Cataraqui en surplomb du Saint-Laurent, est un organisme autonome dont les services sont entièrement gratuits. Quinze chambres sont à la disposition des malades en phase terminale et des membres de leur famille immédiate. Le personnel soignant, le personnel de soutien et de nombreux bénévoles prennent grand soin des malades. La Maison fournit également l'aide aux mourants à domicile et à leurs proches. Affiliée à l'Université Laval, elle est aussi dotée de programmes de formation, d'enseignement et de recherche visant à améliorer la qualité des soins donnés aux mourants.

frappé par une maladie infectieuse apportée par le navire *Le Léopard*. À son bord se trouvait le nouveau commandant des troupes de l'Amérique septentrionale, le marquis de Montcalm.

Un nom qui déjà annonce la fin de la Nouvelle-France.

Michel Sarrazin écrivit un mémoire sur l'anatomie du castor lu
en 1704 à l'Académie royale des sciences de Paris.
Dessin de La Potherie tirée de l'*Histoire de
l'Amérique septentrionale* (1722).

Chronologie
Michel Sarrazin
(1659-1734)

Établie par Michèle Vanasse

MICHEL SARRAZIN ET LA NOUVELLE-FRANCE	LE MONDE
1657	**1657**
Arrivée à Montréal des sulpiciens qui prennent la relève des jésuites et assurent le service de la paroisse. Marguerite Bourgeoys fait ériger la chapelle Notre-Dame-du-Bonsecours et, l'année suivante, ouvre la première école primaire.	Publication des *Provinciales* de Blaise Pascal qui défend la cause des jansénistes en conflit avec les jésuites et le pape sur des questions théologiques.

MICHEL SARRAZIN ET LA NOUVELLE-FRANCE

LE MONDE

1659

Naissance de Michel Sarrazin à Gilly près de Nuits-sous-Beaune en Bourgogne. Il est le fils de Madeleine de Bonnefoy et de Claude Sarrazin, fonctionnaire de l'abbaye de Cîteaux qui était propriétaire du Clos de Vougeot.

Arrivée à Montréal des Hospitalières de Saint-Joseph de la Flèche. Elles s'établissent à l'Hôtel-Dieu et se consacrent au soin des malades.

Épidémie de petite vérole dans la colonie contaminée par des immigrants arrivés de La Rochelle à bord d'un navire qui a négligé de prendre les précautions hygiéniques indispensables.

1659

Le traité des Pyrénées met fin à la guerre franco-espagnole et prévoit le mariage de l'infante Marie-Thérèse et de Louis XIV. Elle doit renoncer au trône d'Espagne.

À Paris, Molière fait jouer *Les précieuses ridicules*, peinture satirique des salons aristocratiques.

Le médecin anglais Thomas Willis décrit pour la première fois la fièvre typhoïde.

MICHEL SARRAZIN ET LA NOUVELLE-FRANCE

LE MONDE

1660

Mort de Dollard des Ormeaux et de ses compagnons au Long-Sault sur l'Outaouais.

1660

En Angleterre, la monarchie, renversée par Cromwell en 1649, est restaurée et Charles II devient roi.

Au Danemark, Niels Steensen découvre que le cœur est un muscle.

1661

Naissance à Montréal de Pierre Le Moyne d'Iberville.

Arrivée du nouveau gouverneur, Pierre Dubois D'Avaugour, avec 100 soldats chargés de lutter contre les Iroquois qui sèment la terreur dans la colonie.

1661

Mort du cardinal Mazarin et début du long règne personnel de Louis XIV en France. Jean-Baptiste Colbert est nommé premier ministre.

L'italien Marcello Malpighi confirme la théorie de William Harvey qui a élucidé le mécanisme de la circulation sanguine en 1628. Il est le premier médecin à utiliser le microscope pour étudier les tissus humains.

MICHEL SARRAZIN ET LA NOUVELLE-FRANCE

LE MONDE

1663

La Nouvelle-France devient province royale et passe ainsi directement sous le contrôle de la Couronne. Le roi adjoint un intendant au gouverneur et institue un Conseil souverain, organisme politique mais surtout judiciaire.
Arrivée des premières filles du Roi, honnêtes filles, pauvres et orphelines, qui viennent chercher mari.
Les sulpiciens sont les nouveaux seigneurs de Montréal.

1663

France : le ministre Colbert favorise une nouvelle politique économique, appelée le «colbertisme». Le rôle des colonies est de fournir les matières premières qui manquent à la métropole. Celle-ci revend les produits manufacturés à ses colonies. Ce système permet le développement de la marine française et exige de surveiller étroitement l'administration des colonies.

1665

Jean Talon est nommé intendant; c'est la fonction administrative la plus importante dans la pratique courante du gouvernement.
Arrivée du régiment Carignan-Salières. Ses 1 200 soldats doivent éliminer la menace iroquoise.

1665

Secrétaire à la Marine, le ministre Colbert met sur pied une flotte puissante pour protéger le commerce sur mer et concurrencer l'Angleterre et la Hollande.
Grâce au microscope, le savant anglais Robert Hooke découvre que les plantes possèdent des cellules vivantes.

MICHEL SARRAZIN ET LA NOUVELLE-FRANCE

LE MONDE

1666
Pacification de l'Iroquoisie qui durera 17 ans.
Premier recensement dans l'histoire du Canada : Québec compte 747 habitants.

1666
En France, le ministre Colbert fonde l'Académie royale des sciences.

1667
Dans son enfance, Michel Sarrazin est initié aux plantes et à leurs propriétés médicinales.
L'Acadie, passée aux mains des Anglais en 1654, redevient française.

1667
Guerre de Dévolution : à la mort du roi d'Espagne, Louis XIV revendique une portion des Pays-Bas espagnols qu'il occupe en grande partie. Le traité d'Aix-la-Chapelle met fin à la guerre l'année suivante.
Andromaque de Jean Racine est jouée à Paris.

1668
Arrivée à Québec du Dr Jean Bonamour, premier à avoir le titre de médecin du roi. Il ne reste que trois ans en Nouvelle-France.

1668
Le physicien anglais Isaac Newton construit le premier télescope.
Molière publie *L'avare* et les *Fables* de La Fontaine commencent à paraître.

MICHEL SARRAZIN ET LA NOUVELLE-FRANCE	**LE MONDE**
1672 Louis de Buade de Frontenac devient gouverneur de la Nouvelle-France. Arrivée en Nouvelle-France du cartographe Jean-Baptiste Franquelin.	**1672** Début de la guerre de Hollande entre la France d'une part, et la Hollande, l'Espagne et l'Empire, d'autre part. Un arrêt du Parlement de Paris interdit l'enseignement de doctrines contraires aux thèses d'Aristote, notamment en matière de circulation sanguine.
1673 Louis Jolliet et le père Jacques Marquette explorent le fleuve Mississippi jusqu'au confluent de la rivière Arkansas.	**1673** France : création à Paris du Jardin royal des Plantes. Le savant allemand G. W. Leibniz découvre le calcul différentiel en même temps qu'Isaac Newton. Mort de Molière après une représentation du *Malade imaginaire*.
1675 Michel Sarrazin, qui fait ses études secondaires, s'intéresse à la botanique.	**1675** Le physicien danois Olaüs Rømer détermine la vitesse de la lumière. Le naturaliste hollandais Antonie Van Leeuwenhoek découvre les protozoaires et les bactéries grâce au microscope.

MICHEL SARRAZIN ET LA NOUVELLE-FRANCE	LE MONDE

1676

La course des bois est interdite pour trois ans en Nouvelle-France à cause d'une surproduction de fourrures.

1676

Mort à Paris du fondateur de Montréal, Paul Chomedey de Maisonneuve.

Le français Denis Papin démontre que l'on peut utiliser la force de la vapeur d'eau.

1678

Robert Cavelier de La Salle explore les Grands Lacs.

1678

Les traités de Nimègue mettent fin à la guerre de Hollande.

Le savant hollandais Christiaan Huygens, qui a découvert l'anneau de Saturne en 1655, écrit *Traité de la lumière* (publié en 1690).

1679

Population de la Nouvelle-France : 9 400 habitants.

1679

Le physicien français Edme Mariotte expose les premiers éléments d'une théorie atomiste de la génération et du développement dans son essai *De la végétation des plantes*.

1680

Michel Sarrazin est nommé chirurgien de la marine du roi.

1680

À Paris, formation de la Comédie française.

MICHEL SARRAZIN ET LA NOUVELLE-FRANCE

LE MONDE

1682

Le gouverneur de la colonie, Joseph Antoine Le Febvre de La Barre, entre en guerre contre les Iroquois qui menacent la traite des fourrures dans la région de l'Ouest. L'expédition au sud-est du lac Ontario se termine par un désastre ; La Barre doit accepter les conditions posées par les Iroquois et signer la paix « honteuse » de l'anse de La Famine. Fondation, par les marchands de la Nouvelle-France, de la Compagnie du Nord pour exploiter la baie d'Hudson.

Robert Cavelier de La Salle descend le Mississippi jusqu'au golfe du Mexique et prend possession de cet immense territoire au nom du roi de France.

Le sulpicien Dollier de Casson fait construire le séminaire de Montréal.

1682

La cour de Louis XIV s'installe définitivement à Versailles.

Sur ordre du roi, l'Assemblée générale extraordinaire du clergé vote la *Déclaration des Quatre Articles* qui veut limiter l'autorité du pape aux choses spirituelles. Elle sera désavouée en 1693.

Le naturaliste John Ray, considéré en Angleterre comme un des fondateurs de la classification naturelle tant en botanique qu'en zoologie, publie *Methodus plantarum nova.*

L'astronome anglais Edmund Halley observe la comète qui portera son nom et prédit par calcul son retour en 1758.

1683

Le cartographe Jean-Baptiste Franquelin épouse Élizabeth, veuve et mère de huit enfants. Il deviendra l'ami de Michel Sarrazin.

1683

Mort de Jean-Baptiste Colbert, principal collaborateur de Louis XIV. Celui-ci épouse secrètement Mme de Maintenon.

MICHEL SARRAZIN ET LA NOUVELLE-FRANCE

1685

Arrivée à Québec du chirurgien de la marine Michel Sarrazin, du nouveau gouverneur Jacques-René de Brisay de Denonville et de Mgr de Saint-Vallier, successeur de Mgr de Laval.
À la suite d'un manque de numéraire, l'intendant Demeulle crée la monnaie de carte.

1686

Michel Sarrazin est nommé chirurgien-major des troupes par le gouverneur de Denonville.
Arrivée du nouvel intendant Jean Bochart-Champigny.
Pierre Le Moyne d'Iberville participe à l'expédition du Chevalier de Troyes à la baie de James qui a pour but de couper la voie commerciale des fourrures vers l'Angleterre via la baie d'Hudson. Prise des forts Monsoni, Rupert et Albany (Sainte-Anne).

LE MONDE

1685

Louis XIV révoque l'édit de Nantes qui accordait aux protestants la liberté de culte et les mêmes droits civiques que les catholiques depuis 1598. Des milliers de protestants français s'exilent et la France perd de nombreux éléments dynamiques, ce qui ne sera pas sans conséquences économiques.

1686

Ligue d'Augsbourg: les ambitions territoriales excessives de Louis XIV provoquent la formation d'une ligue d'États catholiques (l'Empire, l'Espagne, la Savoie) et protestants (les Pays-Bas, la Suède, le Brandebourg) contre la France.

MICHEL SARRAZIN ET LA NOUVELLE-FRANCE

1687

Épidémie de rougeole dans toute la colonie.

Michel Sarrazin fait partie de l'expédition organisée par de Denonville contre les Tsonnontouans afin de les empêcher de briser le contrôle des Français sur le commerce des fourrures de l'Ouest.

1688

Mgr de Saint-Vallier fait construire à Québec l'église qui deviendra Notre-Dame-des-Victoires.

1689

Second mandat de Frontenac comme gouverneur.

Première guerre intercoloniale entre la Nouvelle-France et la Nouvelle-Angleterre qui combattent pour obtenir le contrôle du commerce des fourrures et des pêcheries.

Massacre de La Chine : attaque surprise des Iroquois, alliés des Anglais, contre l'établissement.

LE MONDE

1687

Isaac Newton explique le principe de la gravitation universelle, base de la mathématique et de la dynamique modernes, dans son œuvre maîtresse *Philosophiae naturalis principia mathematica*.

1688

Seconde révolution en Angleterre : débarquement de Guillaume d'Orange qui chasse le souverain légitime, Jacques II.

1689

Guerre de la ligue d'Augsbourg : l'Angleterre se joint à la coalition et Guillaume III déclare la guerre à Louis XIV.

Le *Bill of Right* fonde la monarchie constitutionnelle et consacre la suprématie du Parlement en Angleterre.

MICHEL SARRAZIN ET LA NOUVELLE-FRANCE

LE MONDE

1690

Michel Sarrazin, malade, se retire au séminaire de Montréal.

L'amiral anglais William Phips s'empare de Port-Royal en Acadie et assiège Québec. Sommé de se rendre, Frontenac fait savoir à Phips qu'il lui répondra par la bouche de ses canons, mais c'est l'arrivée de l'hiver qui sauve les Français.

1690

Joseph Pitton de Tournefort est reçu à l'Académie royale des sciences à titre de botaniste.

Succès d'édition pour Jean de La Bruyère avec *Les caractères ou les mœurs de ce siècle* qui annoncent l'intérêt des écrivains pour les problèmes de société.

Henry Kelsey, à l'emploi de la Compagnie de la baie d'Hudson, se rend jusqu'à la frontière ouest du Manitoba actuel. Il est le premier Européen à apercevoir des bisons.

1692

Sarrazin retourne à Québec et reprend sa profession de chirurgien. Un décret ratifie sa nomination de chirurgien-major. Il fréquente le cartographe Jean-Baptiste Franquelin, l'architecte Claude Baillif et l'explorateur Louis Jolliet.

Fondation de l'Hôpital général de Québec destiné aux indigents.

Marie-Madeleine de Verchères, âgée de 14 ans, repousse avec l'aide de deux soldats une attaque contre le manoir paternel.

1692

La flotte française est détruite à La Hougue, sur les côtes de Normandie, par l'Angleterre, ce qui met fin à toute tentative d'invasion de l'île anglaise.

MICHEL SARRAZIN ET LA NOUVELLE-FRANCE

LE MONDE

1694

Michel Sarrazin, de retour à Paris, prépare un doctorat en médecine. Il choisit, plutôt que les cours de la Sorbonne, ceux du Jardin du roi (appelé aujourd'hui le Jardin des Plantes, Muséum national d'histoire naturelle), où il étudie aussi la botanique avec le naturaliste Pitton de Tournefort.

1694

Création de la Banque d'Angleterre.
Naissance à Paris de François Marie Arouet dit Voltaire.

1696

Les Anglais reprennent le fort Nelson (York) à la baie d'Hudson et Pierre Le Moyne d'Iberville s'empare de plusieurs postes anglais à Terre-Neuve, dont Saint-Jean.

1696

Le naturaliste anglais John Ray décrit pour la première fois la menthe, une herbe aromatique.

MICHEL SARRAZIN ET LA NOUVELLE-FRANCE

LE MONDE

1697

Michel Sarrazin obtient son doctorat à Reims et revient au Canada. Il soigne les marins et les passagers de son navire, dont Mgr de Saint-Vallier, terrassés par une maladie infectieuse. À l'escale de Terre-Neuve, il observe les plantes américaines et herborise. Dorénavant, il envoie régulièrement des spécimens au Jardin royal des Plantes.

À bord du *Pélican*, Iberville reprend le fort Nelson (York) qui assure aux Canadiens le monopole des plus belles fourrures.

1697

Le traité de Ryswick met fin à la guerre en Europe et rétablit l'état des choses existant avant le conflit dans les colonies. Terre-Neuve redevient possession anglaise, mais la France recouvre l'Acadie et garde la baie d'Hudson moins le fort Albany.

Les Espagnols détruisent ce qui reste de la civilisation maya au Yucatán (Mexique).

1698

Mort de Frontenac à Québec. Il est remplacé par Louis-Hector de Callières, le gouverneur de Montréal.

1698

Isaac Newton calcule la vitesse du son.

MICHEL SARRAZIN ET LA NOUVELLE-FRANCE

LE MONDE

1699

Michel Sarrazin, seul médecin à exercer en Nouvelle-France, combat des épidémies successives de variole, de grippe, de rougeole et de scarlatine. Il est nommé correspondant de Tournefort, membre de l'Académie royale des sciences. Pierre Le Moyne d'Iberville découvre l'embouchure du Mississippi par voie de mer et construit un premier fort en Louisiane.

1699

Louis XIV réorganise l'Académie royale des sciences de Paris et y adjoint des correspondants étrangers qui lui fournissent de nouveaux spécimens ainsi que leurs observations.

Le tsar Pierre le Grand veut européaniser la Russie en imposant le port de l'habit occidental et en interdisant celui de la barbe.

1700

Michel Sarrazin est nommé officiellement médecin du roi pour toute la colonie et porte le titre de *medicus regius*. Il opère avec succès une religieuse atteinte d'un cancer du sein. C'est la première opération du genre jamais effectuée en Amérique. Il découvre une plante inconnue des botanistes, utilisée en infusion par les Amérindiens pour soigner la petite vérole (variole), et l'envoie à Pitton de Tournefort.

1700

Publication d'une nouvelle méthode de classement des plantes dans *Institutiones rei herbariae*, de Pitton de Tournefort. Certains éléments nouveaux en botanique qui y apparaissent furent communiqués par Michel Sarrazin.

Population des métropoles : la France compte 19 millions d'habitants, l'Angleterre et l'Écosse, 7,5 millions.

MICHEL SARRAZIN
ET LA NOUVELLE-FRANCE

LE MONDE

1701

Le gouverneur Louis-Hector de Callières signe un traité de paix avec les Iroquois qui s'engagent à demeurer neutres advenant une guerre franco-anglaise.

Deuxième guerre intercoloniale : la Nouvelle-France (15 000 habitants) se bat pour sa survie contre les colonies anglaises (300 000 habitants) qui veulent s'assurer la possession de toute l'Amérique.

L'aventurier Antoine de Lamothe Cadillac fonde un établissement à Detroit.

1701

L'Académie des sciences de Paris donne le nom de *Sarracenia purpurea* à la plante découverte au Canada par le Dr Sarrazin.

Début de la guerre de Succession d'Espagne en Europe : à la mort du roi d'Espagne, le duc d'Anjou, petit-fils de Louis XIV, devient roi. Le roi de France n'accepte pas la clause du testament exigeant que le nouveau roi d'Espagne renonce au trône de France. Il fait face à une coalition de l'Angleterre, des Provinces-Unies, de l'Empire allemand, du Portugal et de la Savoie.

1702

Le Dr Sarrazin, appelé à reconnaître le corps d'un homme assassiné, fait aussi fonction de «coroner».

Une nouvelle épidémie de petite vérole dans la colonie fait de 2 000 à 3 000 morts incluant les Amérindiens.

1702

Anne Stuart succède à Guillaume III en Angleterre.

MICHEL SARRAZIN ET LA NOUVELLE-FRANCE

LE MONDE

1703

Michel Sarrazin étudie l'anatomie du castor et du rat musqué. Il est aux prises avec une épidémie de mal de Siam (fièvre jaune) qui sévit dans la colonie.

Le marquis Philippe de Rigaud de Vaudreuil est nommé gouverneur. Il réforme le Conseil souverain, appelé dorénavant Conseil supérieur : le nombre de conseillers est porté de sept à douze.

1703

Parution du premier journal en Amérique du Nord, le *Boston News Letter*.

1704

Le Dr Sarrazin identifie des variétés de ginseng local.

Mgr de Laval reprend ses fonctions épiscopales à Québec, Mgr de Saint-Vallier ayant été capturé par les Anglais.

1704

Un mémoire du Dr Sarrazin sur l'anatomie du castor est lu par le professeur Tournefort à l'Académie royale des sciences de Paris.

Isaac Newton publie son traité intitulé *Optique*.

Les Anglais, commandés par le duc de Marlborough, s'emparent de Gibraltar, verrou occidental de la Méditerranée.

MICHEL SARRAZIN ET LA NOUVELLE-FRANCE

LE MONDE

1707

Michel Sarrazin est nommé membre du Conseil supérieur par le roi.

1707

L'Acte d'union est prononcé entre l'Angleterre et l'Écosse qu'on appelle désormais la Grande-Bretagne. Sir John Floyer établit que le pouls est un moyen de diagnostic dans *The Physician's Pulse Watch*.

1708

Voyage de Michel Sarrazin en France où il apprend la mort de Pitton de Tournefort, tué dans un accident de la rue. Mort de Mgr de Laval; Mgr de Saint-Vallier revient au Canada.

1708

Terrible vague de froid et famine en Europe occidentale. Le médecin hollandais Hermann Boerhaave, directeur du Jardin des plantes de Leyde, publie *Intitutiones rei medicae*.

1709

Michel Sarrazin fait une cure thermale dans la ville normande de Forges-les-Eaux. L'achat d'esclaves est légalisé au Canada par l'intendant Jacques Raudot.

1709

À cause de la famine qui sévit, la France importe les blés canadiens pour ravitailler ses colonies antillaises.

MICHEL SARRAZIN **ET LA NOUVELLE-FRANCE**	**LE MONDE**

1710

Retour de Michel Sarrazin à Québec. Il rédige un traité sur la pleurésie.
Nouvelle épidémie de « mal de Siam » dans toute la colonie.
Chute de Port-Royal aux mains des Anglais.

1710

Naissance du futur Louis XV, arrière-petit-fils de Louis XIV.

1711

Une partie de la flotte de l'amiral Walker, chargée de faire le siège de Québec, se brise sur des récifs à l'île aux Œufs au cours d'une tempête ; Québec est ainsi sauvé.

1712

Michel Sarrazin épouse Marie-Anne Hazeur de Montréal, âgée de vingt ans. Son père, François Hazeur, mort en 1708, avait été seigneur de La Malbaie. Elle apporte en dot à son mari le fief Saint-Jean (six cents arpents à l'ouest de Québec), et le domaine de Grand-Étang, sur la côte de la Gaspésie.
Arrivée du nouvel intendant, Michel Bégon.

MICHEL SARRAZIN ET LA NOUVELLE-FRANCE

LE MONDE

1713

Avec le traité d'Utrecht, la Nouvelle-France commence à être démembrée. Elle est encerclée à son tour par les territoires anglais et menacée d'asphyxie. Pour pallier le danger, elle fortifiera son territoire au maximum: construction de la forteresse de Louisbourg sur l'île du Cap-Breton pour compenser la perte de l'Acadie, fortification sur le Richelieu, dans la région des Grands Lacs jusqu'au Mississippi après entente avec les Iroquois, développement de la Louisiane et marche vers l'Ouest pour ouvrir de nouveaux territoires de traite.

1713

Le traité d'Utrecht met fin à la guerre de Succession d'Espagne en Europe. C'est une défaite cuisante pour la France en Amérique: elle cède Terre-Neuve, l'Acadie (sans le Cap-Breton) et la baie d'Hudson à l'Angleterre qui obtient également que les territoires iroquois soient sous son protectorat. Le Centre-Ouest s'ouvre à la présence anglaise, ce qui accorde de grands avantages commerciaux aux colonies anglaises.

1715

Naissance de Joseph-Michel, premier enfant de Michel Sarrazin.

1715

Mort de Louis XIV et avènement de Louis XV.
Le français Antoine de Jussieu publie son *Traité des vertus des plantes*.

1717

Sarrazin est nommé correspondant du savant français Ferchault de Réaumur, membre de l'Académie royale des sciences.

1717

La France concède pour 25 ans à la Compagnie d'Occident, créée par l'économiste écossais John Law, le privilège exclusif de la traite des fourrures.

MICHEL SARRAZIN ET LA NOUVELLE-FRANCE

LE MONDE

1718
Naissance de Marie-Jeanne, première fille de Michel Sarrazin.
Recherches de Sarrazin sur les eaux ferrugineuses du cap de la Madeleine.
Fondation de La Nouvelle-Orléans en Louisiane par Jean-Baptiste Le Moyne de Bienville, frère d'Iberville.

1718
Le Journal des savants de Paris publie l'*Histoire du rat d'Amérique*, d'après les travaux de Michel Sarrazin.
Herman Moll publie *Map of North America*.

1720
Michel Sarrazin et sa famille s'installent rue du Parloir à Québec, sur un terrain acheté au séminaire.

1720
Premier établissement anglais important au Vermont.
Les Espagnols s'installent au Texas et les Anglais, au Honduras.
Dernière épidémie de peste en Europe.
Introduction en Occident de la variolisation.

1722
Naissance de Claude-Michel, deuxième fils de Sarrazin, qui poursuivra une brillante carrière militaire en France. Il mourra en 1809.

1722
Le Parlement anglais interdit à ses colonies de Nouvelle-Angleterre de commercer avec le Canada.

1723
Naissance de Charlotte-Louise, deuxième fille de Sarrazin.

MICHEL SARRAZIN ET LA NOUVELLE-FRANCE

LE MONDE

1726
Charles de Beauharnois est nommé gouverneur et Claude-Thomas Dupuy, intendant.

1726
Un communiqué de Michel Sarrazin sur le porc-épic est présenté par Réaumur à l'Académie royale des sciences.

1728
Sarrazin tente d'exploiter une ardoisière dans son fief de Grand-Étang mais le coût élevé du matériau et de son transport vers Québec et la France lui font abandonner l'affaire.
Il pratique l'autopsie des corps de trois religieuses enterrées depuis vingt ans dans le caveau de l'hôpital de Québec.

1728
Vitus Béring, navigateur danois au service de la Russie, visite le détroit qui portera son nom et qui sépare l'Asie de l'Amérique, démontrant ainsi que les deux continents ne sont pas unis.

1729
Gilles Hocquart fait fonction d'intendant, titre qu'il reçoit officiellement deux ans plus tard.

1729
Fondation des colonies anglaises dans les Carolines.

1730
Population de la Nouvelle-France : 33 682 habitants.

1730
Publication dans l'*Histoire de l'Académie des sciences* des remarques du Dr Sarrazin sur l'érable de l'Amérique septentrionale.
Le savant Réaumur fabrique un thermomètre à alcool avec échelle graduée.

MICHEL SARRAZIN ET LA NOUVELLE-FRANCE

LE MONDE

1731
Joseph-Michel, fils aîné de Sarrazin, quitte le pays pour aller étudier la médecine à Paris.

Pierre Gaultier de La Vérendrye commence ses explorations vers l'Ouest canadien à partir du Lac Winnipeg jusqu'à la Saskatchewan.

1733
Michel Sarrazin est nommé garde des sceaux du Conseil supérieur.

1734
Mort à Québec, à l'âge de 75 ans de Michel Sarrazin, emporté par une maladie infectieuse contractée auprès de ses malades.

1735
Inauguration du Chemin du roy entre Québec et Montréal, sur la rive nord du Saint-Laurent, qui permet le voyage en quatre jours.

1737
Mort à Québec à l'âge de dix-neuf ans de Marie-Jeanne Sarrazin, religieuse de l'Hôtel-Dieu.

1731
Charles VI d'Autriche obtient de l'Angleterre la reconnaissance de la pragmatique sanction promulguée en 1713. En vertu de cet acte, sa fille Marie-Thérèse pourra lui succéder en l'absence d'un héritier mâle.

1733
Fondation de la colonie espagnole des Philippines.

1734
Réaumur, physicien et naturaliste, commence la rédaction de *L'histoire des insectes*.

1735
Le botaniste suédois Carl von Linné publie en Hollande *Systema naturæ*, une classification des plantes encore utilisée de nos jours.

MICHEL SARRAZIN ET LA NOUVELLE-FRANCE

LE MONDE

1739

Mort en France de Joseph-Michel Sarrazin de la petite vérole. Il venait de recevoir son diplôme en médecine.

1740

La guerre entre les métropoles en Europe provoque un autre affrontement entre la Nouvelle-Angleterre et la Nouvelle-France avec pour enjeu le contrôle de tout le territoire.

1740

Guerre de Succession d'Autriche entre la France, alliée de la Prusse et de l'Espagne, et l'Angleterre, qui appuie les prétentions de Marie-Thérèse au trône d'Autriche. Elle prendra fin en 1748.

1742

Le Dr Jean-François Gaulthier, médecin du roi et botaniste, arrive à Québec où il succède à Michel Sarrazin. Il découvre le thé des bois appelé scientifiquement *Gaulthiera procumbus* et en français, gaulthérie.

1742

Le physicien suédois Anders Celsius invente le thermomètre à échelle centésimale.

1746

Mariage de Charlotte-Louise avec Jean-Hippolyte Gauthier de Varennes. Elle est la seule enfant de Michel Sarrazin qui restera au Canada; elle mourra en 1793.

MICHEL SARRAZIN ET LA NOUVELLE-FRANCE	**LE MONDE**

1985

Ouverture à Québec de la Maison Michel Sarrazin, créée sous l'impulsion des Drs Louis Dionne et Jean-Louis Bonenfant, ainsi que de Me Jacques Prémont et de M. Larkin Kervin. Cette maison accueille les mourants cancéreux.

Le château Saint-Louis, résidence du gouverneur,
illustré par le cartographe Jean-Baptiste Franquelin en 1683.

Éléments de bibliographie

ABBOTT, Maud, *History of Medecine in the Province of Quebec*, Montréal, McGill University, 1932.

AHERN, M.-J. et George AHERN, *Notes pour servir l'histoire de la médecine dans le Bas-Québec depuis la fondation de Québec jusqu'au XIXe siècle*, Québec, s.é., 1923.

BARTHÉLÉMY, Guy, *Les jardiniers du roy — Petite histoire du Jardin des Plantes de Paris*, Paris, Éditions Le Pélican, 1979.

BOIVIN, B., « La flore du Canada en 1708. Étude d'un manuscrit de Michel Sarrazin et Sébastien Vaillant », *Provancheria*, n° 9, Québec, Faculté des sciences de l'agriculture et de l'alimentation, Université Laval, 1978.

BROSSE, Jacques, *La magie des plantes*, Paris, Albin Michel, 1980.

COLLECTIF, *Tournefort*, Paris, Muséum national d'histoire naturelle, 1957.

ERLANGER, Philippe, *Le Régent*, Paris, Gallimard, 1938.

JUCHEREAU, Jeanne-Françoise et Marie-Andrée DUPLESSIS, *Les annales de l'Hôtel-Dieu de Québec (1636-1716)*, Montréal, Les Presses de l'Université de Montréal, 1939.

HARE, John, Marc LAFRANCE et David-Thiery RUDDEL, *Histoire de la ville de Québec, 1609-1871*, Montréal, Boréal, 1987.

LAFLAMME, J.-C. K., *Le docteur M. Sarrazin*, Québec, Société royale du Canada, 1887.

LECLERC, Jean, *Le Marquis de Denonville, gouverneur de la Nouvelle-France 1685-1689*, Montréal, Fides, 1976.

Morin, Marie, *Histoire simple et véritable, les Annales de l'Hôtel-Dieu de Montréal (1559-1725)*, Montréal, Les Pressses de l'Université de Montréal, 1979.

MARIE-VICTORIN, *Flore laurentienne*, Montréal, Les Presses de l'Université de Montréal, 1964.

NOPPEN, Luc, Claude PAULETTE et Michel TREMBLAY, *Québec, trois siècles d'architecture*, Montréal, Libre Expression/Les Publications du Québec, 1979.

ROUSSEAU, J., «Michel Sarrazin, J.-F. Gaulthier et l'étude prélinéenne de la Flore canadienne», *Les botanistes français en Amérique du Nord avant 1850*, Paris, CRNS, 1957.

SÉGUIN, Robert-Lionel, *La vie libertine en Nouvelle-France*, Montréal, Leméac, 1972.

TRUDEL, Marcel, *Initiation à la Nouvelle-France*, Montréal/Toronto, Holt, Rinehart et Winston, 1968.

VALLÉE, Arthur, *Un biologiste canadien : Michel Sarrazin*, Québec, Proulx, 1927.

Sarrazin receives a Pitcher Plant

Archives nationales du Canada.

Botaniste, le Dr Michel Sarrazin s'intéressa aux propriétés médicinales des plantes utilisées par les Amérindiens.
Dessin de C. W. Jefferys.

Table

*Cet ouvrage
composé en New Caledonia
corps 11 sur 13
a été achevé d'imprimer
le dix-neuf mai
mil neuf cent quatre-vingt-seize
sur les presses de*

CHEZ
MARC VEILLEUX,
IMPRIMEUR À BOUCHERVILLE,